À ton tour

Munesada Owan
Katsuhiro Sakaguchi

JN090610

HAKUSUISHA

──── 音声ダウンロード ────

  この教科書の音源は白水社ホームページ（ｗｗｗ．hakusuisha.co.jp/download）からダウンロードすること
ができます（お問い合わせ先：text@hakusuisha.co.jp）。

本文デザイン　：株式会社エディポック
装丁　　　　　：株式会社ELENA Lab.
イラスト　　　：瀬川尚志
校閲　　　　　：Franck DELBARRE
音声ナレーション：Christine Robein Sato　Tristant Brunet

はじめに

　「À ton tour ア・トン・トゥール（君のばんだよ）」はフランス語を学んでいくクラスの皆で一緒に作り上げていくテキストとして考案いたしました。

　ミユキとサトルのフランスの日常生活の体験をとおして初級フランス語を学んでいきます。

　各課は2つのユニットで構成されており、それぞれのユニットはイラストで示された会話やブログ記事から始まります。まず音声を聞きながら会話やブログの記事を繰り返し読みましょう。そしてそれぞれのシチュエーションに付された質問に答えながらフランス語の文法や表現を発見していきましょう。

　Vocabulaire にはその課で用いられる関連単語がまとめられています。書き込み式なので予習段階で調べて積極的に取り組みましょう。

　右ページは文法事項を身につける練習問題や聞き取り、それにロールプレイなどのコミュニケーション能力を養うアクティヴィテとなります。ページ下の Révision は文法事項や発音を簡潔にまとめた巻末への送りです。参照しながら問題を解いていきましょう。フランス語の仕組みが自然に身についてくるはずです。

　À ton tour さあ、あなたのばん！ 皆さんのフランス語学習が楽しく実のあるものになりますように、そしてこの学習を通して新しい世界の発見が待っていることを願っています。

2022年秋　著者

目　次

Enchanté !

❶ アルファベ（alphabet）

●音声を聞き、フランス語のアルファベを声に出して読みましょう。フランス語は英語よりもローマ字の読みに近いです。

母音字　　　　　　　　　　　　　　　　　　子音字

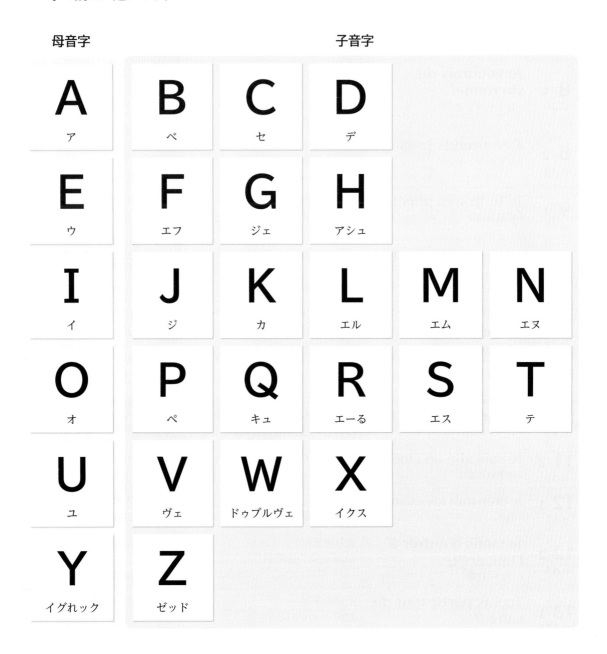

母音字	子音字				
A ア	B ベ	C セ	D デ		
E ウ	F エフ	G ジェ	H アシュ		
I イ	J ジ	K カ	L エル	M エム	N エヌ
O オ	P ペ	Q キュ	R エーる	S エス	T テ
U ユ	V ヴェ	W ドゥブルヴェ	X イクス		
Y イグれック	Z ゼッド				

❷ 数詞（0〜10）

●音声を聞き、0から10までの数字を声に出して読みましょう。

0 zéro　　1 un　　2 deux　　3 trois　　4 quatre　　5 cinq

6 six　　7 sept　　8 huit　　9 neuf　　10 dix

●音声を聞き、数字を書き取りましょう。

a)　　　　　b)　　　　　c)　　　　　d)　　　　　e)　　　　　f)

g)　　　　　h)　　　　　i)　　　　　j)　　　　　k)　　　　　l)

3 つづり字記号

●フランス語にはアルファベ以外にさまざまな記号があります。

⚠ 類似する単語(ou, où)の区別をしたり、発音の指示(çは[s]と発音する)など大切な役割をもっています。
また、歴史上脱落した文字の代わりをしていることもあります。しっかりと覚えましょう。

café	アクサン・テギュ(accent aigu)	: é
voilà	アクサン・グラーヴ(accent grave)	: à, è, ù
hôpital	アクサン・シルコンフレックス(accent circonflexe)	: â, ê, î, ô, û
Noël	トレマ(tréma)	: ë, ï, ü
Français	セディーユ(cédille)	: ç
c'est	アポストロフ(apostrophe)	: c', d', j', l', m', n', s', t', qu'
États-Unis	トレデュニオン(trait d'union)	

●都市名や地域名、人の名前をアルファベとつづり字記号で言ってみましょう。

ex. Paris ➡ P-A-R-I-S

1）Tokyo ➡　　　　　　　　　　2）New York ➡

3）Pékin ➡　　　　　　　　　　4）Europe ➡

5）Côte d'Azur ➡　　　　　　　6）Françoise ➡

7）Hélène ➡　　　　　　　　　8）Moïse ➡

4 あいさつと自己紹介

●例にならい、できるだけ多くの友だちに自己紹介をしましょう。

ex. — Bonjour, je m'appelle Vincent, V-I-N-C-E-N-T.

　　— Bonjour, je m'appelle Miyuki, M-I-Y-U-K-I.

　　— Enchanté.

　　— Enchantée.

Bonjour !

▶ dans la rue　街中で

音声
006

花屋のスタッフとお客さんの改まった会話と、もう一方は友人どうしの親しい会話です。最初に音声を聞き繰り返し読んでみましょう。

1 イラストの中の、改まったあいさつの表現と、親しい表現の違いを確認しましょう。フランス語でも相手により、改まった表現と親しい表現を区別して用います。

	改まった表現	親しい表現
出会いのあいさつ		Bonjour. / Salut !
相手の調子をたずねる	Comment allez-vous ?	＿＿＿＿＿＿＿＿＿＿＿ ?
「元気です」と自分の調子をこたえる	(Je vais bien.)	＿＿＿＿＿＿ / ＿＿＿＿＿
「あなたはどうですか」と相手に聞き返す	Et vous ?	Et ＿＿＿＿＿＿＿ ?
「私も同じです」と言う		
感謝の表現	merci, monsieur.	
「いい一日を」と別れのあいさつをする	Bonne ＿＿＿＿＿＿＿＿＿＿＿ !	

VOCABULAIRE 音声 007

相手に呼びかける（敬称）	monsieur	～さん ～氏	madame		mademoiselle	
自分の調子を伝える	(très) bien / pas mal		ça va		pas très bien	

Exercices

Ⅰ イラストにならい、ペアになって改まったあいさつと親しい人とのあいさつを練習しましょう。

Ⅱ 下線部の発音をカタカナで［　］に記入しましょう。そして、音声で確かめましょう。 🔊 音声 008

❗フランス語のつづりの発音はローマ字読みに近いです。しかし u は「ユ」と読むので注意しましょう。

1）c a f é
　［ ］［ ］

2）c a m é r a
　［ ］［ ］［ ］

3）m e r c i
　　［ ］［ ］

4）d î n e r
　［ ］［ ］

5）z o o
　　［ ］

6）u n i v e r s i t é
　［ ］［ ］［ ］［ ］［ ］

Ⅲ 下線部の文字を発音しない場合は［　］に×を、発音する場合はその音をカタカナで［　］に記入しましょう。そして、音声で確かめましょう。 🔊 音声 009

❗フランス語では、発音しないつづりがあります。子音字 h は常に発音しません。さらに、単語の語末の子音字や、語末の e は発音しないのが原則です（ただし発音することもあるので注意しましょう）。

1）chocolat
　　　　　［ ］

2）Et vous ?
　［ ］　［ ］

3）chef
　　　［ ］

4）pas mal
　　　［ ］　［ ］

5）Bonjour madame.
　　　　［ ］　　　　［ ］

6）parc
　　　［ ］

7）hôtel
　［ ］［ ］

Ⅳ 音声を聞き、それに対する応答としてもっともふさわしい表現を **a.** と **b.** より選びましょう。 🔊 音声 010

1）**a.** Je vais bien, merci. Et vous ?
　　b. Pas mal. Et toi ?

2）**a.** Oui, je vais bien, madame.
　　b. Oui, ça va. Et toi ?

3）**a.** Merci, monsieur. Bonne journée.
　　b. Salut ! Bonne journée.

Bonsoir !

▶ dans un café　カフェで

🔊 音声 011

二組の男女が夕方にあいさつをしています。最初に音声を聞き繰り返し読んでみましょう。

❶ あいさつの表現を確認しましょう。

相手の調子をたずねる：Tu vas bien ?　［元気かい？］

自分の調子をこたえる：＿＿＿＿＿＿＿＿＿＿＿＿＿＿ .　［うん、とても元気だよ。］

「あなたもね」と相手に言う：＿＿＿＿＿＿＿＿＿＿＿＿ .

別れのあいさつ：＿＿＿＿＿＿＿＿＿＿＿＿＿　［さようなら。］

夜のあいさつ：＿＿＿＿＿＿＿＿＿＿＿＿＿＿＿ .　［こんばんは。］

＿＿＿＿＿＿＿＿＿＿＿＿＿＿ .　［楽しい夜を。］

VOCABULAIRE 🔊 音声 012

別れる時の表現	À tout à l'heure.		À ce soir.		À demain.	
	À lundi.		À la semaine prochaine.		À bientôt.	
	Bon week-end.		Bon voyage.		Bonnes vacances.	
曜日と一日の時間区分	lundi		mardi		mercredi	
	jeudi		vendredi		samedi	
	dimanche		matin		midi	
	après-midi		soir		nuit	

Exercices

Ⅰ ペアになってさまざまな表現を用いて改まった場合と、親しい場合の別れのあいさつを練習しましょう。

Ⅱ 音声a〜dを聞き、1）〜4）にふさわしい表現を選びましょう。　🔊 音声013

1）[　　] 朝に家を出るときの家族とのあいさつ
2）[　　] 女性の先生と生徒が一日の終わりにするあいさつ
3）[　　] 金曜の授業が終了し、別れるときの友人どうしのあいさつ
4）[　　] 学期が終了し、明日から夏休みになるときの友人どうしのあいさつ

Ⅲ 下線部の発音をカタカナで [　] に記入しましょう。そして、音声で確かめましょう。さらに複母音字の発音の規則をまとめましょう。　🔊 音声014

🔔 特定の母音字の連続（複母音字）は、ひとつの母音で発音します。

1）ma<u>i</u>son　　2）g<u>â</u>teau <u>au</u>x fram<u>boi</u>ses　　3）bl<u>eu</u>
[　]　　　　　　　[　][　]　　　[　]　　　　　　[　]

4）c<u>ou</u>l<u>eu</u>r　　5）j<u>ou</u>rnal　　　　　　　　6）b<u>oî</u>te
[　][　]　　　　[　]　　　　　　　　　　　　[　]

複母音字の発音：ai [　] / au [　] / eau [　] / eu [　] / ou [　] / oi [　]

Ⅳ 音声を聞き、文を書き取りましょう。　🔊 音声015

1）＿＿＿＿＿＿＿＿＿＿＿＿＿＿＿＿＿＿＿＿＿＿＿＿＿＿＿＿＿＿＿＿
　　— ＿＿＿＿＿＿＿＿＿＿＿＿＿＿＿＿＿＿＿＿＿＿＿＿＿＿＿＿＿

2）＿＿＿＿＿＿＿＿＿＿＿＿＿＿＿＿＿＿＿＿＿＿＿＿＿＿＿＿＿＿＿＿
　　— ＿＿＿＿＿＿＿＿＿＿＿＿＿＿＿＿＿＿＿＿＿＿＿＿＿＿＿＿＿

3）＿＿＿＿＿＿＿＿＿＿＿＿＿＿＿＿＿＿＿＿＿＿＿＿＿＿＿＿＿＿＿＿
　　— ＿＿＿＿＿＿＿＿＿＿＿＿＿＿＿＿＿＿＿＿＿＿＿＿＿＿＿＿＿

↻ Révision　複母音字の読み方 → p.60　11

Je suis japonais.

▶ à la douane　税関で

入国審査の場面です。国籍や職業についてたずねられています。最初に音声を聞き繰り返し読んでみましょう。

❶ 2人の日本人学生のセリフが男女で異なっています。確認しましょう。

税関の係官：Vous êtes _____　[あなたは日本人ですか。]

Satoru：Oui, je suis _____　[はい、私は日本人です。]

_____　[私は学生です。]

Miyuki：_____　[私は日本人です。]

_____　[私は学生です。]

❷ 何をたずねられているのか、意味を考えましょう。

Qu'est-ce que vous faites ?　[　　　　　　　　　　　　　　　　　　　　　　　　]

VOCABULAIRE 音声 017

国籍、職業	allemand / allemande		américain / américaine		anglais / _____	
	chinois / _____		espagnol / _____		français / _____	
	coréen / coréenne		italien / _____		employé / _____	
	fonctionnaire / _____		lycéen / _____		chanteur / chanteuse	
	footballeur / _____		acteur / actrice		cuisinier / cuisinière	
	infirmier / _____		médecin / médecin		professeur / _____	

*原則：男性形＋e＝女性形。これ以外のパターンもあります。他の語をよく観察して下線部に記入しましょう。

Exercices

I-1 主語になる代名詞を確認し空欄に入れましょう。　　🔊 音声 018

・主語人称代名詞（単数）

私は　je　　　　　　　　　　　（親しい）きみは　tu

彼は、それは ＿＿＿＿＿＿＿　　　彼女は、それは ＿＿＿＿＿＿

・主語人称代名詞（複数）

私たちは ＿＿＿＿＿＿　　　　　（改まって）あなたは、あなたたちは ＿＿＿＿＿＿＿

彼らは、それらは ＿＿＿＿＿＿　　彼女らは、それらは ＿＿＿＿＿＿＿

I-2 動詞êtreは主語に応じて形が変わります（活用）。動詞êtreの活用形を確認し　🔊 音声 019
空欄に入れましょう。そして音声を聞いて読んでみましょう。

je suis　　　　　tu ＿＿＿＿＿　　　il est　　　　　elle ＿＿＿＿＿＿

nous ＿＿＿＿＿＿　vous ＿＿＿＿＿＿　ils ＿＿＿＿＿＿　elles sont

II 動詞êtreの活用形や主語人称代名詞を記入して文を完成しましょう。またその文の主語が、文
法区分としては男性／女性（m. / f.）、単数／複数（s. / pl.）のいずれかを丸で囲みましょう。

1）Je ＿＿＿＿ anglais.　（m. / f./ s./ pl.）

2）Tu ＿＿＿＿＿ cuisinière ?　（m. / f./ s./ pl.）

3）Vous ＿＿＿＿＿＿ employés ?　（m. / f./ s./ pl.）

4）Ma sœur ＿＿＿＿＿ étudiante.　（m. / f./ s./ pl.）

5）＿＿＿＿＿ sommes chanteuses.　（m. / f./ s./ pl.）

6）＿＿＿＿＿ sont espagnoles.　（m. / f./ s./ pl.）

7）Marie et Paul ＿＿＿＿＿＿＿ canadiens.　（m. / f./ s./ pl.）

III 音声を聞いて、下線部が同じ音の語をグループに分けましょう。　🔊 音声 020

⚠ 母音字（a, e, i, y, o, u, ai, ei）＋n/mを鼻母音と言い、前方の「アン」/ɛ̃/、後方の「アン」/ɑ̃/か「オン」
/ɔ̃/と発音します。

infirmier /ɛ̃/	chanteur /ɑ̃/	bonjour /ɔ̃/

1）fonctionnaire　2）parfum　3）anglais　4）Londres

5）médecin　6）français　7）employé　8）américain

IV 音声の質問を聞き、答えとなる文を完成しましょう。また、ペアになってこのよ　🔊 音声 021
うなやりとりを練習しましょう。

1）Je suis ＿＿＿＿＿＿＿＿＿＿ .

2）＿＿＿＿＿＿ , je suis ＿＿＿＿＿＿＿ .

3）＿＿＿＿＿＿ ＿＿＿＿＿＿ ＿＿＿＿＿＿ .　　*ou「もしくは」

4）Oui, elle ＿＿＿＿＿＿＿ ＿＿＿＿＿＿＿ .

🔄 Révision　名詞の性と数 → p.64　　動詞êtreの活用形 → p.66　　疑問文① → p.70
疑問代名詞qu'est-ce que → p.70　　鼻母音になるつづり字の読み方 → p.60　　13

Vous vous appelez comment ?

▶ à l'aéroport　空港で

音声
022

空港のロビーで旅行客が話しています。名前や、国籍、職業についての会話です。最初に音声を聞き繰り返し読んでみましょう。

❶ 名前を言う表現を確認しましょう。

_____ ［私の名前は…です。］

_____ ［彼女の名前は… です。］

Moi, c'est... _____ ［私は… ですよ。］

❷ 名前をたずねる表現が２つあります。確認しましょう。

Tu t'appelles comment ?　　　　　［　　　　　　　　　　　　　］

_____ ［あなたは何というお名前ですか。］

❸ 否定文を探しましょう。

_____ ［私は中国人ではありません。］

_____ ［　　　　　　　　　　　　　］

 VOCABULAIRE 🔊 音声 023

代名詞強勢形	moi		toi		lui	
	elle		nous		vous	
	eux		elles			

*主語などの強調に用います。

Exercices

I 否定文に書き換えましょう。

❶ 否定文は動詞を ne(n')... pas ではさみ、ne(n')＋動詞＋pas となります。フランス語では母音字の連続を避ける傾向があります。そのため ne の次に母音字か無音の h で始まる動詞が来るときには n' のように e の母音字を省略し、' を置きます（エリジオン）。

1）Je suis espagnol. ＿＿＿＿＿＿＿＿＿＿＿＿＿ .

2）Vous êtes lycéen. ＿＿＿＿＿＿＿＿＿＿＿＿＿ .

3）Elle est footballeuse. ＿＿＿＿＿＿＿＿＿＿＿＿＿ .

4）Ils sont anglais. ＿＿＿＿＿＿＿＿＿＿＿＿＿ .

II それぞれ（　）の 2 つの内からふさわしい語を選び、文を完成させましょう。

❶ 強勢形は、主語などの強調、c'est の後、前置詞の後で用います。

1）(Je / Moi), je m'appelle Léa.   2）(Il / Lui), il est allemand.

3）(Ils / Eux), ils sont japonais.   4）C'est (tu / toi), Alice ?

5）Nous sommes avec (ils / eux).   6）(Nous / Vous), vous êtes chanteurs.

7）Elle est chez (il / elle).   8）Ce sont (moi / nous), les champions !

III-1 次の 4 人を紹介する文を考えましょう。

① prénom：Nicole
　nationalité：française
　profession：actrice

② prénom：Clara
　nationalité：allemande
　profession：médecin

③ prénom：Paul
　nationalité：américain
　profession：étudiant

④ prénom：Hugo
　nationalité：espagnol
　profession：chanteur

s'appeler の活用	
je m'appelle	nous nous appelons
tu ＿＿＿＿＿	vous ＿＿＿＿＿
il s'appelle	ils s'appellent
elle ＿＿＿＿＿	elles ＿＿＿＿＿

音声 024

III-2 例にならいペアになって III - 1 の Nicole 以外の 3 人について質問をして、答えてもらいましょう。

音声 025

ex.1 — Nicole est anglaise ?
       — Non, elle n'est pas anglaise. Elle est française.

ex.2 — Quelle est la profession de Nicole ? (Quel [Quelle] est... ?   「…は何ですか。」)
       — Elle est actrice.

ex.3 — Une actrice française, elle s'appelle comment ?
       — Elle s'appelle Nicole.

Révision   動詞 s'appeler の活用形 → p.66   代名詞の強勢形 → p.68   疑問副詞 comment → p.71
否定文 → p.69   疑問形容詞 quel / quelle → p.70

C'est un sac.

▶ dans le séjour　リビングで

音声
026

両親が子どもにいろいろな物の名前をたずねています。最初に音声を聞き繰り返し読んでみましょう。

❶ 両親がたずねる文の意味を考えましょう。

Qu'est-ce que c'est ?　[　　　　　　　　　　　　　　　　　　　　　]

❷ 子どもが答える文は3つありますが、名詞の前の冠詞が異なります。確認しましょう。

C'est ＿＿＿＿＿＿＿＿＿＿＿＿＿＿ .　[それはカバンです。]

C'est ＿＿＿＿＿＿＿＿＿＿＿＿＿＿ .　[　　　　　　　　　　　　]

Ce sont ＿＿＿＿＿＿＿＿＿＿＿＿ .　[それらは　　　　　　　　　]

❸ 物を提示する表現を確認しましょう。

＿＿＿＿＿＿＿＿＿＿＿＿ , c'est un kimono.　[ほら、これは着物ですよ。]

❹ 1から20までの数詞を確認しましょう。

音声
027

1 un	2 deux	3 trois	4 quatre	5 cinq	6 six	7 sept	8 huit	9 neuf	10 dix
11 onze	12 douze	13 treize	14 quatorze	15 quinze	16 seize	17 dix-sept	18 dix-huit	19 dix-neuf	20 vingt

・2つずつ読まれる数字を書き取りましょう。

音声
028

a)　＿＿ / ＿＿　b)　＿＿ / ＿＿　c)　＿＿ / ＿＿　d)　＿＿ / ＿＿　e)　＿＿ / ＿＿　f)　＿＿ / ＿＿

VOCABULAIRE 音声
029

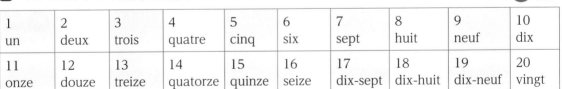

身の回りのもの	chaise（f.）		fleur（　　）		lampe（　　）	
	livre（m.）		lunettes（　　）		table（　　）	
	tasse（　　）		vase（　　）		verre（　　）	

Exercices

Ⅰ 以下の単語は男性名詞か女性名詞か、また単数形か複数形か丸で囲みましょう。また空欄に適切な不定冠詞を記入しましょう。

❗ フランス語の名詞はすべて男性名詞と女性名詞に分かれます。単語の性は辞書などに記されています。複数形は語末にsを加えるのが原則です。不定冠詞は名詞の性や数に応じて形が異なります。

（不定冠詞：男性単数un／女性単数une／男性女性複数des）

1) _____ livre (m. / f./ s./ pl.)　　2) _____ chaise (m. / f./ s./ pl.)

3) _____ vase (m. / f./ s./ pl.)　　4) _____ sacs (m. / f./ s./ pl.)

5) _____ tasse (m. / f./ s./ pl.)　　6) _____ chiens (m. / f./ s./ pl.)

Ⅱ 音声を聞き、対応するイラストを **a, b** から選びましょう。　🔊 音声 030

1) a　　b　　2) a　　b　　3) a　　b

4) a　　b　　5) a　　b　　6) a　　b

Ⅲ 下線部の文字を発音しない場合は［　］に×を、発音する場合はその音をカタカナで［　］に記入しましょう。そして、音声で確かめましょう。　🔊 音声 031

❗ フランス語のeの読み方は大きく分けて３通り（[ウ]/ [エ]/読まない）です。①語尾のeは読まない、②母音で終わる音節（開音節）のeは[ウ]、③音節が子音で終わる（閉音節）場合のeは[エ]です。また、アクサンが付くeは常に[エ]と読みます。以下では、一つの単語を音節ごとに|で区切っています。

1) des|sert　　　　2) le|çon　　　　3) ver|re
　［ ］［ ］　　　　　［ ］　　　　　　［ ］［ ］

4) crè|me brû|lée　5) C'est une fleur.　6) Ce sont des chiens.
　［ ］［ ］　［ ］　　［ ］　［ ］　　　［ ］　　［ ］

Ⅳ 足し算と引き算の表現を例にならって練習しましょう。そして自分で問題を作り、ペアになって答えてもらいましょう。　🔊 音声 032

❗ 足し算と引き算の表現　＋：plus ／ －：moins ／ ＝：égale

ex. — Dix plus quatre moins sept égale combien ?　　　　　— Neuf !

　　— Non ! Encore une fois. Dix plus quatre moins sept égale ?　— Sept !

　　— Très bien !　　　　　　　*combien「いくつ」 Encore une fois.「もう一度」

あなたの問題：_____

🔄 Révision　指示代名詞ce → p.69　　不定冠詞 → p.64　　単母音字eの読み方 → p.60
　　　　　　　数詞（1-20）→ p.87

17

C'est mon stylo.

▶ dans la classe　教室で

🔊 音声 033

教室での教師と生徒たちの会話です。さまざまな物の持ち主について話しています。最初に音声を聞き繰り返し読んでみましょう。

Qu'est-ce que c'est ?

C'est un jeu vidéo.

C'est le jeu vidéo de Marc.

Oui, c'est mon stylo. C'est ton cahier ?

Non, c'est son cahier. C'est ta gomme ?

C'est ton stylo ?

Oui, c'est ma gomme.

❶ jeu vidéoにつく冠詞が異なります。確認しましょう。

Qu'est-ce que c'est ?　［　　　　　　　　］

— C'est _____ jeu vidéo. C'est _____ jeu vidéo de Marc.

［ これはゲームです。これは　　　　　　　　　　　　　　　　　　　］

❷ 持ち主を表す所有形容詞(ton, monなど)に注意して、文と意味を確認しましょう。

C'est ton stylo ?　［ これは君のペンかい？ ］　Oui, c'est mon stylo.　［ うん、これは私のペンだよ。］

C'est ton cahier ?　［　　　　　　　　　　　　　　］

Non, _____ .　［　　　　　　　　　　　　］

C'est ta gomme ?　［　　　　　　　　　　　　　］

Oui, _____ .　［　　　　　　　　　　　　］

VOCABULAIRE 🔊 音声 034

文房具・身の回りのもの	adresse e-mail（　）		crayon（　）		dictionnaire（　）	
	jeu vidéo（　）		montre（　）		ordinateur（　）	
	portefeuille（　）		smartphone（　）		stylo-bille（　）	
	trousse（　）		vélo（　）		voiture（　）	
家族	grand-père		grand-mère		grands-parents	
	père		mère		parents	
	frère		sœur		ami / amie	

Exercices

I-1 日本語に合う所有形容詞を記入しましょう。

❗不定冠詞が名詞の性・数により、un, une, des と変わるように、所有形容詞「私の」も mon, ma, mes と変わります。(所有形容詞 →p.64 の表)

1）私の ＿＿＿＿＿ montre
2）私の ＿＿＿＿＿ crayons
3）彼の ＿＿＿＿＿ livre
4）彼女の ＿＿＿＿＿ portefeuille
5）あなたの ＿＿＿＿＿ mère
6）あなたの ＿＿＿＿＿ amis

I-2 所有形容詞を記入し、対話を完成しましょう。

1）C'est votre smartphone ?　— Oui, c'est ＿＿＿＿＿ smartphone.
2）C'est ta voiture ?　— Oui, c'est ＿＿＿＿＿ voiture.
3）C'est son vélo ?　— Non, c'est ＿＿＿＿＿ vélo.
4）Ce sont tes parents ?　— Oui, ce sont ＿＿＿＿＿ parents.

II イントネーションに注意して音声を聞いて、a, b のどちらの文が読まれたか選び丸で囲みましょう。 🔊 音声 035

1）**a**：C'est sa montre ?　**b**：C'est sa montre.
2）**a**：C'est votre livre ?　**b**：C'est votre livre.
3）**a**：Ce sont vos lunettes ?　**b**：Ce sont vos lunettes.
4）**a**：Pardon ?　**b**：Pardon.

III 例にならい、不定冠詞と定冠詞を用いて会話を完成しましょう。

❗un stylo は「1本の万年筆」で、特に限定なくどんな万年筆でも指しますが、le stylo は個別(特定)の万年筆を指します。(定冠詞：男性単数 le／女性単数 la／男性女性複数 les／母音字で始まる名詞の前：le / la →l')

ex — C'est un stylo ?　— Oui, c'est <u>un</u> stylo. C'est <u>le</u> stylo de Pierre.
1）— C'est une trousse ?　— Oui, c'est ＿＿＿ trousse. C'est ＿＿＿ trousse de mon frère.
2）— C'est un ordinateur ?　— Oui, c'est ＿＿＿ ordinateur. C'est ＿＿＿ ordinateur de ma sœur.
3）— Ce sont des cartes d'étudiant ?　— Non, ce sont ＿＿＿ cartes Navigo.
　　Ce sont ＿＿＿ cartes Navigo de mes amis.

IV 例にならい、ペアになって持ち物について会話をしましょう。 🔊 音声 036

ex Qu'est-ce que c'est ?　— C'est un livre.
　　C'est ton livre ?　— Bien sûr, c'est mon livre.
　　　　　　　　　　— Non, c'est le livre de mon ami(e).

↻ Révision 定冠詞 → p.64　所有形容詞 → p.64

J'habite rue des Écoles.

▶ au jardin public　公園で

🔊 音声 037

公園で女性や警官が子どもたちに話しかけています。何をして遊んでいるか、また住所について話しています。最初に音声を聞き繰り返し読んでみましょう。

1 3つの動詞が使われています。動詞の形を確認しましょう。また意味を考えましょう。

・jouer [遊ぶ]

Nous ＿＿＿＿＿＿＿ avec des bateaux.　[ぼくたちは船で　　　　　　　　　　　　　]

・s'appeler [　　　　　　　]

Tu ＿＿＿＿＿ comment ?　[　　　　　　　　　　　　　　　　　　　　　　　]

Je ＿＿＿＿＿ Manon.　[　　　　　　　　　　　　　　　　　　　　　　　　]

・habiter [　　　　　　　]

Tu ＿＿＿＿＿＿＿ où ?　[　　　　　　　　　　　　　　　　　　　]

J' ＿＿＿＿＿＿＿ rue des Écoles.　[私はエコール通りに　　　　　　　　　]

VOCABULAIRE 🔊 音声 038

さまざまな -er型動詞	aimer		chanter		danser	
	écouter		étudier		habiter	
	jouer		manger		parler	
	regarder		travailler		visiter	

Exercices

音声 039

I 以下の動詞活用表を完成しましょう。そして音声を聞いて読んでみましょう。

chanter   **habiter**   **écouter**

chanter	habiter	écouter
je chante	___ habite	_____ _____
tu _____	tu _____	_____ _____
il chante	il _____	_____ _____
elle _____	elle habite	_____ _____
nous _____	nous habitons	_____ _____
vous chantez	vous _____	_____ _____
ils chantent	ils _____	_____ _____
elles _____	elles _____	_____ _____

> -er 型動詞の活用語尾
> je(j') -e   nous - _____
> tu - _____   vous - _____
> il -e   ils -ent
> elle - _____   elles - _____

II 線で結んで文を完成しましょう。

1）Je ・   ・écoutons ・   ・à Nice.
2）Nous・   ・habite ・   ・de la guitare.
3）Il ・   ・jouez ・   ・un sandwich.
4）Elles ・   ・manges ・   ・à l'hôpital.
5）Vous・   ・visite ・   ・la Tour Eiffel.
6）Tu ・   ・travaillent・   ・un concert de jazz.

III [   ] から適切な動詞を選び活用して空欄に入れ、文を完成しましょう。

— Qu'est ce que tu _____ ?
— Je regarde des photos. Ce sont les photos de la fête de mon anniversaire.
Paul _____ de la guitare. Nous _____ des chansons. Marie et Charles
_____. Dans cette photo, ils _____ ensemble et ils _____ des
gâteaux.

[parler / manger / regarder / jouer / chanter / danser]

IV 音声の質問を聞き、自分自身のことを答える文を書きましょう。

音声 040

1）_____ .

2）_____ .

3）_____ .

Leçon 4-2

Je travaille à Genève en Suisse.

▶ au jardin public　公園で

🔊 音声 041　公園での会話です。職場や使用言語について話しています。最初に音声を聞き繰り返し読んでみましょう。

- Non, je travaille à Genève en Suisse. Et toi ?
- Est-ce que tu travailles à Paris ?
- Êtes-vous japonais ? Mais vous parlez très bien français.
- Moi, je travaille dans une boutique à Paris.
- Merci. J'étudie le français au Japon. Je parle français et anglais.

❶ しくみの異なる疑問文が2つあります。しくみの違いを確認しましょう。

_____　[君はパリで働いているの？]

_____　[あなたは日本人ですか。]

❷ 会話中の場所を表す前置詞を確認しましょう。さらにその用法について考えてみましょう。

je travaille _____ Genève _____ Suisse.　[私はスイスのジュネーブで働いています。]

J'étudie le français _____ Japon.　[　　　　　　　　　　　　　　　　]

 🔊 音声 042

言語	allemand		anglais		chinois	
	coréen		espagnol		français	
	italien		japonais		russe	
国	Allemagne		Angleterre		Canada	
	Espagne		États-Unis		France	
専攻科目	la biologie ( )		le droit ( )		l'économie-gestion ( )	
	l'informatique ( )		la littérature ( )		les mathématiques ( )	
	la physique-chimie( )		la psychologie ( )		la science ( )	

22

Exercices

Ⅰ 疑問文に書きかえましょう。3通りの疑問文をすべて書いてみましょう。

> ❗疑問文の形は3つ。①文末のイントネーションを上げる、②est-ce que(qu') を文頭に置く、③主語と動詞を倒置し -(trait d'union)で結ぶの3通りです。倒置により動詞と主語が母音衝突をする時は、-t- を挿入します。

1) Vous parlez japonais. ➡ _____ ?

_____ ?

_____ ?

2) Elle étudie l'informatique. ➡ _____ ?

_____ ?

_____ ?

Ⅱ 音声を聞いて空欄に適切な前置詞を入れ、会話を完成しましょう。 🔊 音声 043

1) — Où habitez-vous ?

  — J'habite _____ Rome _____ Italie.

2) — Est-ce que monsieur Bernard habite _____ Sénégal ?

  — Non, il habite _____ New York _____ États-Unis.

> à＋都市名
> au＋男性国名
> en＋女性国名、母音で始まる男性国名
> aux＋複数国名

Ⅲ 名前や国籍をたずねる疑問文を復習しましょう。それからクラスの人に質問して以下の表を完成しましょう。そしてその友人を紹介してみましょう。

名前：_____ 住んでいる町、働いている町：_____

国籍や職業をたずねる：_____

話す言語：Quelles langues_____ 専攻科目：_____

	例	votre voisin(e) 1	votre voisin(e) 2
Il (Elle) s'appelle...	Yuka		
Il (Elle) est...	japonaise		
Il (Elle) est...	étudiante		
Il (Elle) habite à...	Kyoto		
Il (Elle) travaille à ...	Osaka(à la supérette)		
Il (Elle) parle ...	japonais et anglais (un peu français)		
Il (Elle) étudie ...	l'économie		

Ⅳ 電話の会話を聞き、2人が話題にしている人物についてわかったことを書き取りましょう。《Tu invites ton ami ?》(友達を招待するの？)で会話は始まります。 🔊 音声 044

Il s'appelle Nino.		

Vous avez quel âge ?

▶ au musée　美術館で

音声
045 美術館の入口での会話です。年齢や料金、あるいは持ち物について話しています。最初に音声を聞き繰り返し読んでみましょう。

1 動詞avoirを用いた、年齢(âge)をたずねる表現と、答える表現を確認しましょう。

_____ quel âge ?　[あなたは何歳ですか。]　　　　*quel「何」/ quel âge「何歳」

_____ 21 ans.　[　　　　　　　　　　　　]

2 値段をたずね、答える表現を確認しましょう。

_____ .　[いくらですか。]

7 euros, s'il vous plaît.　[　　　　　　　　]

3 動詞avoirを用いた、持ち物をたずねる表現と、答える表現を確認しましょう。

_____ un appareil photo ?　[カメラを持っていますか。]

Non, _____ .　[いいえ、カメラは持っていません。]

　　* 「一台のカメラ」un appareil photo /「カメラを持っていない(0台のカメラ)」pas d'appareil photo

_____ un smartphone.　[　　　　　　　　　　　　　　]

VOCABULAIRE 音声 046

序数	premier / première		deuxième			3番目の
		4番目の		9番目の		21番目の
12か月	janvier		février			3月
		4月		5月		6月
	juillet		août		septembre	
	octobre			11月		12月

Exercices

I 動詞avoirの活用形を確かめましょう。次に以下の文の空欄に適切な活用形や主語代名詞を
入れて、文を完成しましょう。

1）Tu _____ un stylo ? — Oui, j'_____ un stylo.

2）Vous _____ une voiture ?

— Non, je n'_____ pas de voiture.

3）Vous _____ des amis en France ?

— Non, mais nous _____ des amis au Japon.　*mais「しかし」

4）Ton ami _____ une montre ? — Oui, il _____ une montre.

5）Tes amies _____ quel âge ? — _____ _____ 14 ans.

avoir の活用形	🔊 音声 047
j'_____	nous avons
tu as	vous _____
il a	ils ont
elle _____	elles _____

II 例にならい、ペアになってイラストを参考に持ち物について会話をしてみましょう。　🔊 音声 048

ex Tu as une moto ? — Non, je n'ai pas de moto. Mais j'ai un vélo.

III-1　11から100の数詞を練習しましょう（数詞→p.87）。　🔊 音声 049

11 onze	12 douze	13 treize	14 quatorze	15 quinze
16 seize	17 dix-sept	18 dix-huit	19 dix-neuf	20 vingt
21 vingt et un / vingt et une	22 vingt-deux	30 trente	40 quarante	50 cinquante
60 soixante	70 soixante-dix	80 quatre-vingts	90 quatre-vingt-dix	
100 cent				

III-2　音声を聞き、数詞を聞き取りましょう。　🔊 音声 050

— C'est combien ?

1）C'est _____ euros.　2）C'est _____ euros.　3）C'est _____ euros.

4）C'est _____ euros.　5）C'est _____ euros.　6）C'est _____ euros.

IV 以下はフランスの祝祭日です。日付を読んでみましょう。また何を祝う日かを調　🔊 音声 051
べましょう。なお、「1日（ついたち）」のみはpremier（「一番めの」という序数。
1erと書く）を用います。

1）le 14 février [　　　　　　　　]　2）le 1er mai [　　　　　　　　　　]

3）le 21 juin [　　　　　　　　]　4）le 14 juillet [　　　　　　　　　]

5）le 1er novembre [　　　　　　]　6）le 25 décembre [

🔄 Révision　動詞 avoirの活用形 → p.66　　否定文での冠詞de → p.64

疑問副詞combien → p.71　　数詞（1-100）→ p.87　　25

Elle a une grande cage verte.

▶ au musée　美術館で

音声
052 美術館で鑑賞しながら、作品や自分の家族のことを話しています。最初に音声を聞き
繰り返し読んでみましょう。

J'ai une sœur mais je n'ai pas de frères. Et vous ?

Vous avez des frères et sœurs ?

Elle a une grande cage verte et un petit oiseau vert.

Moi aussi, j'ai une sœur. Elle est très sportive.

Qu'est –ce qu'elle a ?

❶ 兄弟姉妹について話しています。それぞれ意味を確認しましょう。

_____ ?　[兄弟や姉妹はいますか。]

_____ . Et vous ?　[　　　　　　　　　　　　]

_____ .　[私も同じです。　　　　　　　]

❷ 彫刻の女性像が持っている物（「小さな緑の鳥」と、「大きな緑の鳥かご」）を話題にしています。
形容詞と名詞の語順を確かめましょう。vert など形容詞の形も確認しましょう。

_____ ?　[彼女は何を持っているのですか。]

Elle a _____ cage _____ et _____ oiseau _____ .

[　　　　　　　　　　　　　　　　　　　　　　　　　　　　　　　　　　　]

VOCABULAIRE 音声 053

色や形状	beau / /		nouveau / /		vieux / /	
	mignon /		joli /		quel animal	
	quelle couleur		blanc /		bleu /	
	gris /		jaune		marron	
	noir /		orange		rose	
性格を表す形容詞	actif /		bavard/		calme	
	difficile		gentil /		intelligent /	
	marrant /		méchant /		sportif /	
	sociable		sympa		timide	

Exercices

Ⅰ [　]の語を必要に応じて変化させて、文を完成しましょう。

1）Ma mère est _____ . [bavard]　2）Mon père est _____ . [timide]

3）Mes parents sont _____ . [calme et intelligent]

4）Ma grand-mère est _____ . [sympa et gentil]

5）Mon amie n'est pas _____ . [méchant]

6）Mes sœurs sont _____ . [actif et marrant]

Ⅱ フランス語になおしましょう。形容詞の位置、そして性・数一致に気をつけましょう。一部の形容詞は特殊な女性形になるので注意しましょう。

⚠形容詞は原則として名詞の後に置きます。ただし日常よく用いる短い形容詞 (grand, petit, bon, joli など) は名詞の前に置きます。また形容詞は名詞の性・数に応じて変化します。

・ 日常的な短い形容詞 ＋ 名詞 ＋ 形容詞

ex. ひとつの青いきれいなカバン　un joli sac bleu

　　青いきれいなペンケース　　une jolie trousse bleue

1）1匹の白い小さい猫

_____

2）一輪のきれいな赤い花

_____

3）数匹の大きな黒い犬

_____

4）1台の美しい白い車

_____

5）数名の内気な学生たち

_____

6）数名のかわいいおしゃべりな女学生たち

_____

Ⅲ 音声を聞き、空欄に入る数字や語を書き取りましょう。

🔊 音声 054

—Bonjour ! Parlez-moi* de votre famille, s'il vous plaît.

*parlez-moi de 〜「〜について私に話してください」

—Je m'appelle Patricia. J'habite avec ma grand-mère de _____ ans. Elle a une _____ _____ à Nice.

—Elle est _____ , votre grand-mère ?

—Elle est _____ et _____ et elle a _____ _____ _____ , un grand et un petit.

—Ils sont de quelles couleurs ?

—Le petit est _____ et le grand est _____ . Ils sont très _____ .

Ⅳ イラストの会話やⅢにならい、ペアになって、家族やペット、持ち物などについて会話しましょう。そしてその内容をもとに友人を紹介する文章を書きましょう。

_____

_____

_____

🔄Révision 形容詞の性と数、形容詞の位置 → p.65　27

Leçon 6-1

Il fait beau.

▶ sur la plage　浜辺で

🔊 音声 055 海岸で二組の男女が会話しています。それぞれの好みや天候について話しています。最初に音声を聞き繰り返し読んでみましょう。

Tu aimes nager ?

Oui, j'adore la natation.

Qu'il fait beau ! Quel temps fait-il en été au Japon ?

Moi, je n'aime pas beaucoup la natation. J'aime faire du volley-ball.

Il ne pleut pas beaucoup, et il fait chaud et humide.

❶ 好きな物や好きなことを言う表現を確認しましょう。

_____ nager ?　[君は泳ぐのは好きですか。]

Oui, _____ la natation.　[うん、水泳は　　　　　　　]

Moi, je n'aime pas beaucoup la natation.　[　　　　　　　　　　　　　]

_____ du volley-ball.　[私はバレーをするのが好きです。]

❷ 天候に関する表現を確認しましょう。

Qu'_____ !　[なんて良い天気でしょう！]　　*que を文頭に置いて感嘆文になっています。

_____ en été au Japon ?　[夏に日本では　　　　　　　]

_____ , et _____ .　[雨はあまり降らず、蒸し暑いです。]

VOCABULAIRE 🔊 音声 056

天気	Il fait beau.		Il fait mauvais.		Il fait chaud.	
	Il fait froid.		Il fait doux.		Il fait frais.	
	Il fait humide.		Il fait sec.		Il fait de l'orage	
	Il fait 20 degrés.		Il pleut.		Il neige.	
	Il y a des nuages.		Il y a du soleil.		Il y a du vent.	
季節	printemps / été / automne / hiver					
好き嫌い	j'adore		j'aime beaucoup		j'aime bien	
	je n'aime pas beaucoup		je déteste		je préfère	

28

Exercices

I 例にならって、今日の天気について話してみましょう。

❗天候は代名詞ilを主語にします。この場合のilには「彼」「それ」など具体的な指示内容はありません。(非人称用法)

ex. Quel temps fait-il chez vous ? ― Aujourd'hui, il fait beau et doux.

II 音声を聞き、それぞれの町の天気と気温を記入しましょう。　🔊 音声 057

	temps	température
Paris		
Lille		
Rennes		
Lyon		
Bordeaux		
Marseille		

III 音声を聞き、3人の好みを聞き取り、表を完成しましょう。　🔊 音声 058

	aime...	n'aime pas ...
Pierre		
Alice		
Luc		

IV それぞれの項目について自身のことを答えましょう。またクラスの人にも好みをたずねて記入しましょう。次にその結果を例にならい文章に書いてみましょう。

	Aimez-vous... ?	votre voisin(e)1	votre voisin(e)2
le français	J'adore le français.		
la musique			
le cinéma			
la comédie musicale			
la lecture			
le sport			
le voyage			

ex. J'aime beaucoup la musique pop. Je n'aime pas le sport. Mon amie Chloé aime ...

Je vais au café.

▶ à la gare　駅で

音声
059

駅で男女が話しています。これから行く先やその場所について話しています。最初に音声を聞き繰り返し読んでみましょう。

❶ 比較して、「…のほうが好き」という表現を確認しましょう。

_____ aller à la mer.　[私は海に行く　　　　　　　　　　]

❷ 「その通りですね」と同意する表現と、「あまりに…すぎる」という表現を確認しましょう。

_____ , il fait _____ chaud.

❸ 動詞allerを用いた行き先をたずねる表現を確かめましょう。

_____ ?　[どこへ　　　　　　　　　　]

Je _____ café.　[私はカフェへ　　　　　　　　]

❹ 位置関係をあらわす文を確認しましょう。

_____ un café sympa _____ ici.　[感じのよいカフェがこの　　　　　　]

_____ le café exactement ?　[正確には　　　　　　　　　　　　　]

C'est _____ l'église, _____ la pâtisserie.　[それは教会の前で、ケーキ屋の隣です。]

VOCABULAIRE 音声 060

位置の表現	à côté de		devant		derrière	
	entre A et B		près de		ici	
建物	banque(　)		bibliothèque(　)		boulangerie(　)	
	cinéma(　)		club de sport(　)		église(　)	
	gare(　)		hôpital(　)		hôtel(　)	
	magasin(　)		mairie(　)		marché(　)	
	parc(　)		parking(　)		poste(　)	
	restaurant(　)		supermarché(　)		université(　)	

Exercices

Ⅰ 地図に合うように1）～3）の文を完成しましょう。そしてA, Bは何かを答えましょう。

1） Où est le parking ? — Il est _____ le parc.

2） Où est le cinéma ? — Il est _____ le parking. Et _____ le parc, il y a une bonne boulangerie.

3） Qu'est-ce qu'il y a près de la gare ? — Il y a une boulangerie _____ la gare. Et _____ la boulangerie, il y a un supermarché. Il y a un petit hôtel _____ la gare et la mairie.

A _____   B _____

Ⅱ 動詞allerの活用形を確認しましょう。 ____ にはallerの現在形の活用形を、（　　）にはà / au / à la / aux / à l'のうち、適切なものを入れ文を完成しましょう。

⚠️目的地「…へ」を表す前置詞àは形が変わります。後ろに定冠詞(le, les)が来ると、à＋le ⇒ au / à＋les⇒auxとなります。

1） Vous _____ (　　　　) bibliothèque ?
— Non, nous _____ (　　　　) café.

2） Tu _____ (　　　　) salle à manger ?
— Non, je _____ (　　　　) toilettes.

3） Elle _____ (　　　　) aéroport ?
— Non, elle _____ (　　　　) hôtel.

4） Ils _____ (　　　) boulangerie ou (　　　　) supermarché ?

5） Sylvie et moi _____ (　　　　) magasin de sport.

allerの活用形 🔊 音声 061	
je _____	nous _____
tu vas	vous _____
il va	ils vont
elle _____	elles _____

à le	➡ au
à la	➡ à la
à les	➡ aux
à l'	➡ à l'

Ⅲ 質問に答えましょう。またクラスの人にもたずねてみましょう。

1） Où est-ce que vous allez ce week-end ?

2） Où est-ce que vous allez pour le voyage ? Avec qui* ? Avec des amis, avec la famille ou seul(e) ?

3） Préférez-vous aller à la montagne ou à la mer pendant les vacances ?

4） Qu'est-ce qu'il y a à voir** près de chez vous ?

*avec qui 「誰と」 ** à voir 「見るべき、見たほうがよい」

🔄 Révision　動詞allerの活用形 → p.66　　前置詞à＋定冠詞の縮約 → p.71
　　　　　　　非人称構文il y a → p.71　　疑問代名詞qui → p.70

Je viens du Brésil.

▶ sur le blogue　ブログ記事

音声
062　3人のブログの記事です。最初に音声を聞き繰り返し読んでみましょう。

Bonjour ! Je m'appelle Anne-Marie. Je suis cuisinière et pâtissière. J'adore la pâtisserie, bien sûr. Je viens d'Allemagne. Je parle allemand, français et un peu anglais. Maintenant j'habite en Bretagne avec ma mère et mon frère depuis 5 ans. En Bretagne, il pleut souvent et il y a toujours des nuages. Mais la mer est si belle.　Nous aimons beaucoup la musique. J'adore la comédie musicale, ma mère aime la musique classique et mon frère aime le rock et le jazz. Mon frère aime aussi le sport. Il fait du football dans un club le week-end. Mon copain est dans le même club que lui.

Moi, c'est Claude. J'habite à Lyon pour apprendre* le cinéma à l'université. Tu aimes le cinéma ? J'habite dans un appartement avec mon ami. Il vient de Suisse. Il est étudiant en médecine. Il n'aime pas beaucoup le cinéma. Il est sympa mais parfois difficile. On** va parfois en boîte pour boire un verre et danser. On adore la danse Hip-Hop. Ma passion, c'est les jeux vidéo. Et vous ?

　　*apprendre「学ぶ」　**on 会話でnousの代わりによく使われる。動詞は3人称単数の形となるので注意。

Bonjour tout le monde. Je m'appelle Émilie. J'ai 52 ans. Je suis écrivaine. Je viens du Brésil. J'habite à Paris dans un petit appartement avec mon chien Milord. Il y a un jardin public à côté de chez moi. Tous les matins, je fais une promenade avec lui. J'adore la ville de Paris et mon quartier, le 5e. Le midi, mes voisines viennent chez moi et nous déjeunons et parlons beaucoup ensemble. J'adore la bière. Je ne bois jamais de vin. Le dimanche, je reste* chez moi, et j'écris ou je lis**. Je regarde souvent un vieux film à la télé.　　　　　　　　　*rester「とどまる」　**lire「読む」

---

❶ 動詞venir「来る」を用いた出身地を表す表現を確認しましょう。

Je ＿＿＿＿＿＿ Allemagne.　[　　　　　　　　　　　　　　]

Il ＿＿＿＿＿＿ Suisse.　[　　　　　　　　　　　　]

Je ＿＿＿＿＿＿ Brésil.　[　　　　　　　　　　　　　]

❷ 頻度を表す表現を確かめましょう。

En Bretagne, il pleut <u>souvent</u> et il y a <u>toujours</u> des nuages. [　　　　　　　　　　　　]

Il est sympa mais <u>parfois</u> difficile. [　　　　　　　　　　　　　　]

On va <u>parfois</u> en boîte pour boire un verre et danser. [　　　　　　　　　]

<u>Tous les</u> matins, je fais une promenade avec lui. [　　　　　　　　]

Je <u>ne</u> bois <u>jamais</u> de vin. [　　　　　　　　　　]

Je regarde <u>souvent</u> un vieux film à la télé. [　　　　　　　　　　　　]

 VOCABULAIRE　🔊 音声 063

さまざまな前置詞	avec		à / au / aux		chez	
	de / du / des		depuis		en	
	pour					
時や頻度の表現	maintenant		tous les		toujours	
	souvent		parfois		jamais	

Exercices

I 動詞venirの活用形を確認しましょう。＿＿にはvenirの直説法現在形の活用形を、（ ）にはde / d' / du / de la / des / de l'のうち、適切なものを入れ文を完成しましょう。

⚠ 出身地「…から」を表す前置詞deは形が変わります。後ろに定冠詞(le, les)が来ると、de + le ⇒ du / de+les ⇒ desとなります。

1）Vous ＿＿＿＿＿（　　　）poste ?
　　— Non, je ＿＿＿＿＿（　　　）banque.

2）Tu ＿＿＿＿＿（　　　）gare ?
　　— Non, je ＿＿＿＿＿（　　　）café.

3）Ils ＿＿＿＿＿（　　　）église ?
　　— Non, ils ＿＿＿＿＿（　　　）hôpital .

4）Elle ＿＿＿＿＿（　　　）cuisine ?
　　— Non, elle ＿＿＿＿＿（　　　）toilettes.

> 🔊 音声 064
>
> venirの活用形
>
> | je ＿＿＿ | nous venons |
> |---|---|
> | tu ＿＿＿ | vous ＿＿＿ |
> | il ＿＿＿ | ils viennent |
> | elle ＿＿＿ | elles ＿＿＿ |

> de le ➡ du
> de la ➡ de la
> de les ➡ des
> de l' ➡ de l'

⚠ 以下は国名ですが、女性名詞の国名にはde laではなく、deを用います。

5）（　　　）où ＿＿＿＿＿-vous ? — Je ＿＿＿＿＿（　　　）Canada.
6）Vous ＿＿＿＿＿（　　　）France ? — Oui, nous ＿＿＿＿＿（　　　）Paris.
7）Est-ce que Paolo ＿＿＿＿＿（　　　）Italie ? — Non, il ＿＿＿＿＿（　　　）États-Unis.

II ブログの内容について答えましょう。

1）Anne-Marie habite où ?
2）Avec qui habite-t-elle ?
3）Qu'est-ce qu'elle aime ? Et sa famille ?
4）Quelle est la profession de Claude ?
5）Qu'est-ce qu'il fait avec son ami ?
6）Qu'est-ce que Claude et son ami aiment ?
7）Quel âge a Émilie ?
8）D'où vient-elle ?
9）Quand est-ce qu'elle fait une promenade ?
10）Qui est-ce qu'elle invite pour déjeuner ?

III 記事にならって、自分を紹介する文を書いてみましょう。

＿＿

＿＿

＿＿

Moi, j'y vais à moto, c'est pratique.

▶ à l'école　学校で

音声
065

友人たちが交通手段について話しています。最初に音声を聞き繰り返し読んでみましょう。

1 移動方法をたずねる表現を確認しましょう。

— Ce soir, vous allez ＿＿＿＿ au stade ?　[　　　　　　　　　　　　　　　]

— ＿＿＿＿＿＿＿＿＿＿＿＿＿＿＿＿＿＿＿＿＿　[ここにはどうやって来るの？]

2 代名詞 y を用いた、行き先を答える文と、y で置き換えた場所は何か確認しましょう。

— ＿＿＿＿＿ à moto.　[私は(そこへ)バイクで行きます。]　y ＝[　　　　　　　　　]

3 理由をたずねる疑問詞とそれにこたえる表現を確認しましょう。

＿＿＿＿＿＿＿＿＿＿　[なぜですか。]

— ＿＿＿＿＿＿＿＿ c'est bon pour la santé et c'est économique.

[なぜならば、健康に良いし、節約できるからです。]

 VOCABULAIRE 音声 066

移動手段	en avion		en bateau		en bus	
	en taxi		en train		en tramway	
	en voiture		à pied		à vélo	
	à cheval		à / en trotinette		à / en moto	
意見・感想を言う c'est 〜	amusant		bon pour la santé		cher	
	confortable		écologique		économique	
	ennuyeux		fatigant		intéressant	
	loin		pratique		rapide	

Exercices

I 例にならい下線部を代名詞で置き換え、日本語の指示に従って答えましょう。

⚠️中性代名詞 y は「場所（à+ 名詞、chez ＋名詞など）」を受けます。中性代名詞 y は動詞の直前に置かれます。

ex. Comment est-ce que vous allez au cinéma ce soir ?

（地下鉄で）— Nous y allons en métro.

1) Tu vas comment à l'université ?　（自転車で）— _____

2) Ce week-end, vous allez comment chez vos parents ?

（車で）— _____

3) Vous allez en Espagne en train ?　（飛行機で）— _____

4) On va au supermarché en bus ?　（トラムで）— _____

5) François, comment va-t-il à la pâtisserie ?

（バイクで）— _____

II 音声を聞き表にメモを取りましょう。そして、質問に答える文を書きましょう。　🔊 音声 **067**

	où	quand	avec qui	comment et pourquoi
Léa				
Marie				
Jean				

1) Léa, où va-t-elle?

2) Avec qui elle y va ?

3) Quand est-ce que Marie va à Paris ?

4) Pourquoi Marie va à Paris ?

5) Quelle est la difficulté* d'aller à Paris en voiture ?　*Quelle est la difficulté 「困ることは何」

6) Pourquoi Jean va au travail en trotinette ?

III 例にならい、隣の人とさまざまな目的地への移動手段について話してみましょう。　🔊 音声 **068**

ex. Comment allez-vous au supermarché ?

— J'y vais en voiture. Il y a un grand parking. Et c'est gratuit*.

*gratuit「無料の」

Comment vas-tu chez Pierre ?　— J'y vais à pied. On boit un verre...

8-1 Je voudrais du vin rouge.
▶ au restaurant　レストランで

🔊 音声069　レストランで客が注文している場面です。最初に音声を聞き繰り返し読んでみましょう。

❶ 動詞vouloirを用いた、注文するときに使う表現を確認しましょう。

男性の客　Tu ＿＿＿＿＿＿＿ du poisson ou de la viande ?　［ きみは魚か肉のどちらにしたいですか ］

女性の客　＿＿＿＿＿＿＿＿＿＿＿＿＿＿＿＿＿＿＿＿＿＿　［　　　　　　　　　　　　　　　　　　　　　　　］

レストランのスタッフ　＿＿＿＿＿＿＿＿＿＿＿＿ comme boisson ?　［　　　　　　　　　　　　　　　　　］

❷ 丁寧に要望を伝える表現を確認しましょう。

女性客　Moi, ＿＿＿＿＿＿＿＿＿＿＿ , s'il vous plaît.　［ 私はミネラルウォーターをください ］

男性客　＿＿＿＿＿＿＿＿＿＿＿＿ du vin rouge.　［　　　　　　　　　　　　　　　　　　　　　　　　　］

❸ 食べ物や飲み物についている冠詞を記入しましょう。

＿＿＿ poisson ＿＿＿ viande ＿＿＿ salade ＿＿＿ eau minérale ＿＿＿ vin rouge

VOCABULAIRE 🔊 音声070

食事と食材	petit déjeuner ( )		déjeuner ( )		dîner( )	
	poisson( )		viande( )		mouton( )	
	poulet( )		fromage( )		légume( )	
	salade( )		carotte( )		tomate( )	
	pomme de terre		croissant ( )		huile d'olive ( )	
飲み物	eau minérale( )		lait( )		jus de fruits( )	
	café( )		thé( )		bière( )	
	vin rouge( )		vin blanc( )		champagne( )	

Exercices

Ⅰ 動詞vouloirの活用を確認しましょう。次に空欄にvouloirの直説法現在形の活用形を書き、対話を完成しましょう。

— Qu'est-ce que tu _____ manger ce soir ? Paul _____
du poisson.
— Moi, je _____ aussi du poisson. Et toi, Marie ?
— Je _____ de la viande. Mais si* vous _____ du
poisson, alors on mange du saumon.   *si「もし〜ならば」

vouloirの活用形	🔊 音声 071
je _____	nous voulons
tu _____	vous _____
il _____	ils veulent
elle _____	elles _____

Ⅱ-1 空欄に適切な不定冠詞(un, une, des)か部分冠詞(du, de la, de l')を入れ、文を完成しましょう。

⚠️ 部分冠詞は不可算名詞に付きます。ただし同一の単語が不可算名詞か可算名詞かは使用される状況次第ですから、意味をよく考えましょう。

1) _____ thé, s'il vous plaît. （カフェで注文をする）
2) Je mange _____ croissant et je bois _____ café au
lait au petit-déjeuner.
3) Comptez* _____ moutons pour dormir. *compter「数える」
4) Nous mangeons _____ mouton au dîner.
5) Vous buvez _____ bière ou _____ vin ?
6) Tu manges _____ salade avec _____ huile d'olive.

boireの活用形	🔊 音声 072
je bois	nous buvons
tu _____	vous _____
il _____	ils boivent
elle _____	elles _____

Ⅱ-2 好みを言うときには定冠詞(le, la, l', les)を使います。空欄に入れて練習しましょう。

1) J'aime beaucoup _____ fromage.   2) J'adore _____ légumes.
3) Je n'aime pas beaucoup _____ carottes.   4) Je préfère _____ bière.

Ⅲ 音声を聞きLouisとInèsが買うものを表に書きましょう。 🔊 音声 074

1 _____	2 _____
3 _____	4 _____
5 _____	6 _____

acheterの活用形	🔊 音声 073
j'achète	nous achetons
tu _____	vous _____
il _____	ils achètent
elle _____	elles _____

Ⅳ 質問に自分自身のことを答えましょう。

1) Qu'est-ce que vous mangez au petit déjeuner ? _____
2) Où déjeunez-vous ? _____
3) Que voulez-vous manger au dîner ce soir ? _____
4) Que buvez-vous au petit-déjeuner et au dîner ? _____
5) Qui voulez-vous inviter pour votre anniversaire ? _____

🔄 Révision 動詞vouloir, acheterの活用形 → p.66   部分冠詞 → p.64   定冠詞 → p.64

J'en prends trois.

▶ au restaurant　レストランで

🔊 音声 075

レストランでの会話です。料理のことを話したり、注文をしようとしています。最初に音声を聞き繰り返し読んでみましょう。

Tu veux des huîtres ?

Oui, merci, j'en veux bien.

C'est un poulet rôti, notre spécialité.

Quel est le plat du jour aujourd'hui ?

Tu prends combien d'huîtres ?

J'en prends trois.

Alors, je prends ça.

*ça：指示代名詞「これ、それ」。物、事柄を指し会話ではよく使われる。

❶ 中性代名詞en（「それを」）を含む文を書き出し、意味を考えましょう。そして代名詞enがどの名詞を受けているかを考えましょう。

Oui, merci, ＿＿＿＿＿＿＿＿＿ bien.　［ はい、ありがとう。（それを）ほしいです。］

J'＿＿＿＿＿＿＿＿＿＿＿ .　［ 私は（それを）3つ食べます。］　en ＝ ＿＿＿＿＿＿＿＿

❷ 数量や名詞についてたずねる疑問詞を書き出しましょう。

Tu prends ＿＿＿＿＿＿＿ d'huîtres ?　［　　　　　　　　　　　　　　　　　　　　　　　］

＿＿＿＿＿＿＿＿ le plat du jour aujourd'hui ?　［ 今日のおすすめ料理は何ですか。］

VOCABULAIRE 🔊 音声 076

数量表現	un peu de		assez de		beaucoup de	
	trop de		1 kilo de		1 bouteille de	
料理	saumon fumé ( )		terrine de poisson ( )		pâté de campagne ( )	
	bœuf bourguignon ( )		magret de canard ( )		bouillabaisse ( )	
	cassoulet( )		glace( )		fruits de saison ( )	
	gâteau au choix ( )		crème brûlée ( )		pot-au-feu ( )	
	entrée( )		plat( )		dessert( )	

Exercices

I 動詞prendreの活用を確認しましょう。空欄にprendreの現在の活用形を書き文を完成し、さらに意味を考えましょう。

⚠️prendreはさまざまな意味で用いられます。注意して意味を考えましょう。

1) Je _____ une crème brûlée comme dessert.　[　　　　　　　　　　　　]
2) Elle _____ le taxi pour aller à l'aéroport.　[　　　　　　　　　　　　]
3) Les étudiants _____ des notes en classe.　[　　　　　　　　　　　　]
4) La police _____ un voleur.　[　　　　　　　　　　　　]
5) Qu'est-ce qu'ils _____ comme cadeau dans un magasin pour leur mère ?
　　[　　　　　　　　　　　　　　　　　　　　　　　　　　　]

🔊 音声 077

prendreの活用形	
je _____	nous prenons
tu _____	vous _____
il _____	ils prennent
elle _____	elles _____

II 下線部を中性代名詞enで置き換えて文を完成しましょう。

⚠️中性代名詞en は不定冠詞、部分冠詞/数量表現＋名詞を受けます。代名詞enは動詞の直前に置かれます。

1) Tu as <u>des enfants</u> ? — Oui, j'_____ _____ trois, un garçon et deux filles.
2) Vous prenez combien <u>de pommes</u> ? — J'_____ _____ deux, s'il vous plaît.
3) Nous avons assez <u>de vin</u> pour les invités* ce soir ?　　　　　*invités「招待客」
　　Non, nous n'_____ _____ _____ assez.
4) Est-ce que les Anglais prennent souvent <u>du thé</u> ?
　　Oui, ils _____ _____ souvent.

III 例にならい、ペアになって下のメニュー(carte)を使い、レストランの店員と客の会話を練習しましょう。

🔊 音声 078

ex. — Vous avez choisi ? Alors, qu'est-ce que vous désirez comme entrée ?
　　— Je prends une terrine de poisson et elle, elle prend un pâté de campagne.
　　— Très bien. Et comme plat, qu'est-ce que vous voulez ?
　　— Un magret de canard, pour elle, une bouillabaisse, s'il vous plaît.
　　— Parfait. Après, vous prenez du fromage ?
　　— Non, merci. Et on prend un dessert.
　　— D'accord. Merci bien.

~ entrée ~	~ plat ~	~ fromage ~	~ boisson ~
saumon fumé	bœuf bourguignon	~ dessert ~	vin rouge / blanc
terrine de poisson	magret de canard	glace à la vanille	bière
pâté de campagne	bouillabaisse	fruits de saison	cidre
fois gras aux truffes	cassoulet	gâteau au choix	eau minérale

Je le trouve joli.

▶ dans une boutique　衣料品店で

🔊 音声
079

衣料品店での店員と客の会話です。着心地などについて話しています。最初に音声を聞き繰り返し読んでみましょう。

Je voudrais essayer ce pull bleu. Je le trouve joli.

Oui, bien sûr, mademoiselle.

Cette veste-là est moins serrée, mais plus chère.

J'aime bien cette veste, mais je la trouve trop serrée.

❶　「この」「その」「あの」を意味する指示形容詞を確かめましょう。

＿＿＿＿＿＿＿ pull ［　セーター　］　　　＿＿＿＿＿＿＿ veste ［　ジャケット　］

❷　目的語代名詞(le, la「それを」)を使っている文を書き出し意味を考えましょう。そして le, la がどの名詞を受けているかを考えましょう。

Je ＿＿＿＿＿＿＿＿＿＿ joli. ［ 私はそれを素敵だと思う。］　　le = ［　　　　　　　］

je ＿＿＿＿＿＿＿＿＿＿ trop serrée. ［ 私はそれがきつすぎると思う。］　　la = ［　　　　　　　　］

❸　比較表現(plus や moins)を使っています。文の意味を考えましょう。

Cette veste-là est ＿＿＿＿＿＿＿ , mais ＿＿＿＿＿＿＿＿ . ［　　　　　　　　　　　　　　　　　　　　　　］

VOCABULAIRE 🔊 音声 080

衣類など	blouson(　　)		chapeau(　　)		chaussure(　　)	
	chemise(　　)		doudoune(　　)		impérmeable(　　)	
	jean(　　)		jupe(　　)		manteau(　　)	
	T-shirt(　　)		pantalon(　　)		parka(　　)	
	pull(　　)		robe(　　)		veste(　　)	
服の感想	à la mode		classique		chaud	
	chic		décontracté		élégant	
	sportif		original		simple	

Exercices

I 空欄に適切な指示形容詞を入れましょう。

— Bonjour. Je voudrais un vêtement pour l'hiver.

— Alors, _____ manteaux sont élégants et à la mode. _____ doudounes sont très chaudes.

— Je voudrais essayer _____ manteau gris et _____ doudoune verte.

— Et _____ chapeau marron et _____ chaussures noires, ils sont bien avec _____ manteau gris.

— Euh…, ils sont jolis et sympa mais un peu chers… Ah, _____ imperméable, ça me plaît beaucoup…

> ce＋男性単数名詞　　　cet＋母音で始まる男性単数名詞
> cette＋女性単数名詞　　ces＋男性、女性複数名詞

II-1 Pierre, Alice, Jean の３人の身長や年齢について比較級の文を完成しましょう。

> ❗比較表現：Mon ami est plus (aussi / moins) grand que moi.「友人は私よりも背が高い（私と同じ高さ／私ほど高くない）です。」

Pierre mesure 1m 85, Jean mesure 1m 61 et Alice mesure 1m 74.
Pierre a 34 ans, Jean a 34 ans et Alice a 40 ans.

1) Jean est _____ grand que Pierre.　_____ est plus grande que _____ .

2) Pierre est _____ âgé* que _____ .　_____ est _____ âgée que _____ .

*âgé「年上である」

II-2 Michelの好みを書いた文を読み、空欄にmeilleur(e), aussi bon(ne), moins bon(ne) のいずれかを記入しましょう。

> ❗「～よりおいしい」はplus bonとは言いません。meilleurという語を覚えましょう。

Michel adore le gâteau au chocolat. Et il aime bien le daifuku au matcha et la crême brûlée.

1) Michel trouve le gâteau au chocolat _____ que le daifuku au matcha.

2) Il trouve le daifuku au matcha _____ que la crême brûlée.

3) Il trouve la crême brûlée _____ que le gâteau au chocolat.
   Et vous ?

III 次の例文の下線部を衣類を表す他の語に換え、[　　] には感想を表す語を入れて、ペアで会話の練習をしましょう。

🔊 音声 081

> ❗目的語代名詞(le, la, les「それを、それらを」)は動詞の直前に置きます。

ex. Comment trouvez-vous <u>mon pantalon</u> ? — Je le trouve [joli].

Comment trouvez-vous <u>ma jupe</u> ? — Je la trouve [plus jolie] que ma jupe.

Je voudrais lui offrir cette cravate.

▶ dans une boutique　衣料品店で

🔊 音声 082 　衣料品店での店員と客の会話です。商品をすすめたり、感想などを言っています。最初に音声を聞き繰り返し読んでみましょう。

❶ 店員が客に「白いズボン」を動詞allerを用いてすすめています。文の意味を考えましょう。

Ce pantalon blanc <u>va</u> bien avec cette veste.　[この白いズボンは　　　　　　　　　　　　　　]

❷ 目的語代名詞(me「私に」、le, la「それを」、lui「彼に、彼女に」)を使っています。文の意味を考えましょう。またle, lui, laがどの名詞を受けているかを考えましょう。

Oui, il _____ aussi.　[はい、わたしもそれを気に入ってます。]

Je _____ .　[　　　　　　　　　　　　] le = [　　　　]

Je voudrais _____ cette cravate.　[　　　　　　　　　]

lui = [　　　　]

❸ 最上級の表現を確認しましょう。

C'est _____ .　[　　　　　　　　　　　　　　　]

VOCABULAIRE 🔊 音声 083

アクセサリー	bague (　　)		boucle d'oreille (　　)		chaussette (　　)	
	collier (　　)		cravate (　　)		écharpe (　　)	
	foulard (　　)		gants (　　)		piercing (　　)	

Exercices

I 下線部の名詞を代名詞に換えて、空欄に記入して対話を完成しましょう。

⚠️ 目的語の名詞にàなどの前置詞が付いていれば間接目的語です。

1) Vous donnez des gants <u>à votre sœur</u> ?
   — Oui, je ＿＿＿＿ donne des gants violets.

2) Tu achètes des chaussures <u>à tes enfants</u> ?
   — Oui, je ＿＿＿＿ choisis des baskets.

3) Pierre donne un manteau <u>à son fils</u> ?
   — Non, il ＿＿＿＿ donne une doudoune.

4) Tu aimes <u>cette bague</u> ?
   — Oui, je ＿＿＿＿ aime beaucoup.

5) Maman, tu me donnes <u>ton collier</u> ? — Oui, je te ＿＿＿＿ donne.

6) Émilie achète <u>ces écharpes</u> <u>à ses parents</u> ?
   — Non, elle ne ＿＿＿＿ ＿＿＿＿ achète pas.

> 直接目的語
> le(l'), la(l'), les
> 間接目的語
> lui, leur

> 🔊 音声 084
> choisir の活用形
>
> | je choisis | nous choisissons |
> |---|---|
> | tu ＿＿＿＿ | vous ＿＿＿＿ |
> | il ＿＿＿＿ | ils ＿＿＿＿ |
> | elle ＿＿＿＿ | elles ＿＿＿＿ |

II 音声を聞き以下の空欄の語を書き取りましょう。さらに質問に答えましょう。　🔊 音声 085

— Bonjour. Je voudrais ＿＿＿＿ ＿＿＿＿ ＿＿＿＿ . Je ＿＿＿＿ ＿＿＿＿ très joli.
　Mais j'en voudrais un plus grand.

— D'accord, madame. Quelle est votre taille* ?　　　　　*taille = サイズ

— Je fais du L.

— Désolé. On a seulement* du S et du M. On a du L en gris et en blanc.
　＿＿＿＿-vous essayer ?　　　　　*seulement = …だけ

— Oui, le ＿＿＿＿ , c'est ＿＿＿＿ et ＿＿＿＿ . Le ＿＿＿＿ , c'est un peu
　trop ＿＿＿＿ . Je voudrais essayer le blanc en L .

— Ah, c'est parfait. Il ＿＿＿＿ ＿＿＿＿ très bien. Ça vous plaît ?

— Oui, il est chic, ＿＿＿＿ ＿＿＿＿ ＿＿＿＿ . Je ＿＿＿＿ ＿＿＿＿ .
　Il va bien avec ＿＿＿＿ ＿＿＿＿ ＿＿＿＿ . Et je prends ＿＿＿＿ ＿＿＿＿ ＿＿＿＿ ＿＿＿＿ .

— Très bien. Ça fait ＿＿＿＿ euros. La caisse est là-bas.

1) Est-ce que la cliente veut acheter une veste ?

2) Quel est le problème ?

3) Qu'est-ce que la cliente achète ? Ils sont de quelles couleurs ?

4) Combien coûtent-ils ?

III 在庫表をもとに、Ⅱにならいペアになって店員と客の会話を練習しましょう。

prix		noir	gris	blanc	bleu	rouge
pantalon	42€	S/M	S/ L	S/L	S/M	S/M
chemise	37€	S/L	S/M/L	S	S	S/M/L
veste	75€	S	S/L	S/M/L	S	S/M/L
robe	66€	L	S/M/L	S/L	S/L	S/M
chaussures	80€	S/M/L	S	L	S/M/L	S/M/L

↻ Révision　人称代名詞（間接目的補語）→ p.68　　最上級 → p.71　　動詞 choisir の活用形 → p.65

Leçon 10-1

Je me lève à sept heures.

▶ la vie quotidienne　日常生活

音声 086　大学生の一日です。最初に音声を聞き繰り返し読んでみましょう。

Je me lève à sept heures.

J'arrive à la fac à midi.
J'ai cours jusqu'à quinze heures trente.

Après les cours, je vais à la bibliothèque. Je rentre chez moi à huit heures moins le quart.

Je me couche vers minuit.

❶ イラストを参考にして次の文の意味を考えましょう。_____ には「何をするのか」を表す部分を、＿＿＿ には時間を表している部分を書きましょう。

Je me lève ＿＿ à sept heures. ［私は7時に起きます。］

＿＿＿＿＿＿＿＿＿＿ à midi. ［正午に　　　　　　　　　　　　　　　　　］

J'ai cours ＿＿＿＿＿＿＿＿＿＿. ［　　　　　　　授業があります。］

Après les cours, ＿＿＿＿＿＿＿＿＿＿. ［放課後に　　　　　　　　　　　　］

Je rentre chez moi ＿＿＿＿＿＿＿＿. ［　　　　　　　　　　　　　　　　　］

＿＿＿＿＿＿＿＿＿＿ vers minuit. ［夜の12時頃に　　　　　　　　　　　］

VOCABULAIRE 　音声 087

時刻の表現	Il est 3 heures.	3時です。	(et) quart		(et) demie	
	moins le quart		midi		minuit	
	quelle heure					
1日の行動	se lever		se laver (le visage / les mains)			
	s'habiller		partir de chez soi			
	se dépêcher		arriver à la fac		avoir cours	
	rentrer à la maison				se promener	
	s'amuser		se reposer		se coucher	
	faire (le ménage/la cuisine/ses devoirs)					

44

Exercices

Ⅰ 時刻を表している文を読みましょう。そして例にならい、それぞれの時刻を数字 🔊 音声 **088** で書きましょう。

ex. Il est dix heures dix. ➡ 10 h 10

1）Il est neuf heures vingt. _____ 2）Il est sept heures moins cinq. _____

3）Il est quatorze heures trente. _____ 4）Il est midi et demie. _____

5）Il est une heure et quart. _____ 6）Il est minuit moins le quart. _____

Ⅱ 代名動詞se coucherの活用形を書きましょう。

⚠ フランス語では、「寝る」を「自分を寝かせる」（se「自分を」、coucher「寝かせる」）と表現し、これを代名動詞と呼びます。

主語	目的語「自分を」	動詞「寝かせる」	主語	目的語	動詞
je	me	couche	nous	nous	_____
tu	[ ]	_____	vous	[ ]	_____
il	se	_____	ils	[ ]	_____
elle	[ ]	_____	elles	se	_____

Ⅲ 音声を聞き、空欄を書きとりましょう。 🔊 音声 **089**

— Vous _____ _____ à _____ _____ le matin ?

— Je _____ _____ à sept heures, je _____ _____ _____ de petit-déjeuner et j'_____ à la fac à _____ _____ _____ _____ .

— Vous _____ _____ jusqu'à quelle heure ?

— J'___ _____ jusqu'à _____ _____ . Après les cours je _____ vers _____ _____ .

— Le soir, qu'est-ce que vous faites chez vous ?

— Rien de spécial, je _____ ___ _____ , je dîne, je ___ _____ , je _____ un peu la télé... Et je ___ _____ vers _____ .

Ⅳ 自分のスケジュールをいろいろな表現を用い書いてみましょう。またペアになって相手のスケジュールをたずねてみましょう。

_____

_____

_____

faire の活用形 🔊 音声 090	
je fais	nous faisons
tu _____	vous _____
il _____	ils font
elle _____	elles _____

Rentrez tôt ce soir !

▶ sur le quai　駅のホームで

🔊 音声 091 両親が出かけるのを、子どもと留守番の大学生が見送ります。最初に音声を聞き繰り返し読んでみましょう。

❶ 命令文を書き出しましょう。意味を考えましょう。

＿＿＿＿＿＿＿＿＿＿ tôt ce soir !　［ 今晩は早く帰ってきてくださいね。］

Regarde l'heure !　［ 　　　　　　　　　　　　　　　］

＿＿＿＿＿＿＿＿＿＿ !　［ 急ごう！］

❷ 「... しなければならない」という表現を確認しましょう。

＿＿＿＿＿＿＿＿＿＿ monter dans le train.　［ 　　　　　　　　　　］

VOCABULAIRE 🔊 音声 092

日常でよく使う命令文	Asseyez-vous.		Attendez un instant.		Ayons du courage.	
	Calmez-vous.		Écoutez-moi !		Écrivez votre nom.	
	Lisez le texte.		Parlez plus lentement / fort.		Sois gentil / sage.	

Exercices

Ⅰ 以下の動詞について、それぞれ３つの命令文を書いてみましょう。

❗命令文では主語はなく動詞のみです。動詞の語尾から主語を推測して文の意味を考えます。
目的補語人称代名詞を用いる場合、肯定命令形では動詞の後に目的補語人称代名詞をおきます。
me, te はmoi, toi になります。Vous me donnez ce livre. ➡ Donnez-moi ce livre.
代名動詞も同様になります。Tu te lèves à 6 heures. ➡ Lève-toi à 6 heures.(tu -esのsは脱落)

	tu に対する命令	nous に対する命令	vousに対する命令
1） écouter	_____	_____	_____
2） se reposer	_____	_____	_____
3） avoir peur(否定形)	_____	_____	_____

Ⅱ 空欄に入る適切な動詞を下から選び、命令文を完成しましょう。

1） Je voudrais un livre pour un enfant de 6 ans. — _____-le. C'est amusant.

2） Je veux du pain au chocolat. — Tu as faim ? _____-en un peu.

3） On va partir en vacances en voiture. — _____ le train. C'est écologique.

4） Où sont mes clés ? — _____ , elles sont sous la table.

5） Je vais en France en juin. — _____ . Elle est très belle et fantastique !

[regarder   s'amuser   acheter   prendre   manger]

Ⅲ 空欄に入る適切な表現を選択肢 **a ～ d** から選び、文を完成しましょう。文の意味も書きましょう。

1） (   )un examen de français demain.   [   ]

2） (   )se promener pour la santé.   [   ]

3） (   )midi. On déjeune ensemble ?   [   ]

4） (   )une heure pour arriver à la gare.   [   ]

5） (   )beau et chaud. On va à la mer ?   [   ]

[**a** : Il y a   **b** : Il faut   **c** : Il fait   **d** : Il est]

Ⅳ 会話の音声を聞き、空欄の部分を書きとりましょう。

🔊 音声 **093**

— Salut, Tom. Ça va ? Tu as l'air fatigué* ?   *avoir l'air ... 「…のようにみえる」

— Oui, je _____ _____ à minuit et je _____ _____ à _____ _____ du matin.

— Ah, tu travailles trop ! Le soir, _____-_____ et _____-_____ plus tôt.

— Mais _____ _____ terminer notre projet en un mois.

— _____ des vacances ! _____ ensemble en Italie !
_____ _____ _____ un concert de rock à Rome.

🔄 **Révision** 命令文 → p.66   非人称表現(il faut) → p.71   47

11-1 J'ai rencontré Théo hier.

▶ le long de la Seine　セーヌ川沿いで

🔊 音声 094

セーヌ川沿いで、二組の男女が過去のことについて話しています。最初に音声を聞き
繰り返し読んでみましょう。

❶ avoirを用いた過去のことを表す複合過去形の文を書き出し、意味を考えましょう。

J'_____ Théo hier.　[私は昨日テオに会った。]

Ah bon, qu'est-ce que _____ ?　[ああ、そうですか。　　　　　　　]

_____ dans un café.　[カフェで　　　　　　　　]

❷ 否定疑問に対する答え方を確かめましょう。

Tu _____ encore _____ ?　[まだ君は　　　　　　　　]

Si, _____ il y a une heure.　[いいえ、一時間前に　　　　　]

❸ 「空腹」など体の状態を表すには動詞avoirを用います。意味を考えましょう。

mais j'ai déjà faim　[　　　　　　　　　　　　　　　　　　　　　　　　　]

VOCABULAIRE 🔊 音声 095

身体の状態	avoir chaud		avoir froid		avoir mal	
	avoir soif		avoir sommeil		avoir de la fièvre	
	avoir mal à la tête (aux yeux / aux dents / à l'estomac / au ventre / au dos / au pied)					
過去や完了を表す表現	hier		avant-hier		il y a deux ans	
	la semaine dernière		le mois dernier		l'année dernière	
	ne...pas encore		déjà		depuis	

Exercices

I 動詞の不定詞を過去分詞にしましょう。

🔔不定詞の語尾により過去分詞の形は決まります。er ➡ é / ir ➡ i です。-re, -oirで終わる不定詞の場合は個々に覚えましょう。faire ➡ fait / voir ➡ vu / prendre ➡ pris

1) regarder _____ 2) parler _____ 3) choisir _____

4) finir _____ 5) lire _____ 6) boire _____

7) écrire _____ 8) mettre _____ 9) avoir _____

II 以下の文の意味を考えましょう。次に音声を聞き、彼女がしたことを選びましょう。 🔊 音声 096

Elle a fait le ménage.   Elle a étudié.   Elle a regardé un match de football à la télé.

Elle a fait les magasins. Elle a fait la cuisine. Elle a acheté une chemise.

Elle a lu.   Elle a bu du café   Elle a écrit à ses parents.

彼女がしたこと: _____

III [　]の動詞を使って、複合過去形の文を完成しましょう。

🔔複合過去形　avoirの現在形＋過去分詞

1) J'_____ _____ jusqu'à midi hier.　[dormir]

2) Tu _____ _____ du gâteau hier après-midi.　[manger]

3) Il _____ _____ les devoirs hier soir.　[finir]

4) Elle _____ _____ une chanson au concert l'année dernière.　[chanter]

5) Nous _____ _____ des amis du lycée il y a trois ans.　[voir]

6) Vous _____ _____ les courses au marché le week-end dernier.　[faire]

7) Ils _____ _____ des photos en voyage le mois dernier.　[prendre]

8) Elles _____ _____ mal au ventre la semaine dernière.　[avoir]

IV 以下の質問に答えましょう。またクラスの人に過去にしたことをたずねてみましょう。

1) Qu'est-ce que vous avez fait chez vous hier soir ?

_____

2) Qu'est-ce que vous avez mangé au petit déjeuner ce matin ? Vous avez faim ?

_____

3) Avez-vous écrit à votre mère depuis une semaine ?

_____

Je suis allé au cinéma.

▶ à la station de métro　地下鉄の駅で

音声
097

地下鉄の駅の通路で過去のことについて話しています。最初に音声を聞き繰り返し読んでみましょう。

❶ 過去を表す複合過去形が、［avoir＋過去分詞］とは異なる形になっています。異なる点に注意して文を完成し、意味を考えましょう。

Où est-ce que tu ＿＿＿＿＿＿＿＿＿＿ hier ?　［　　　　　　　　　　　　　］

Je ＿＿＿＿ au cinéma et j'＿＿＿ un film romantique.　［　　　　　　　　　　］

Mes parents ＿＿＿＿＿＿＿＿＿ aujourd'hui.　［ 両親は、今日は出かけなかった。 ］

❷ 100以上の数字を、つづりを書いて発音を確認しましょう。

音声
098

100	200	500	600	900	1 000	10 000	20 000	100 000	1 000 000

VOCABULAIRE 音声 099

複合過去形 (être＋過 去分詞とな る動詞)	aller		arriver		descendre	
	entrer		monter		mourir	
	naître		partir		rentrer	
	rester		sortir		venir	
	se coucher		s'aimer		se brosser les dents	

　*いくつかの自動詞と、すべての代名動詞がこの形になります。

Exercices

I [　] で指定された動詞を使って、複合過去形の文を完成しましょう。

❗複合過去形には動詞によって2つの形があります。avoir + 過去分詞かêtre + 過去分詞です。以下はすべてêtre + 過去分詞の形になります。この場合、avoir + 過去分詞と異なり、過去分詞は主語と性・数一致をします。

・êtreの現在形 + 過去分詞 (er ➡ é / ir ➡ i / venir ➡ venu / naître ➡ né / mourir ➡ mort)

1) Je ＿＿＿ ＿＿＿＿＿＿ en 2000. [naître]

2) Tu ＿＿＿ ＿＿＿＿＿＿ à minuit hier. [rentrer]

3) Il ＿＿＿ ＿＿＿＿＿＿ dans la chambre. [rester]

4) Elle ＿＿＿ ＿＿＿＿＿＿ depuis vingt ans. [mourir]

5) Nous ＿＿＿＿ ＿＿＿＿＿＿ à l'hôpital la semaine dernière. [aller]

6) Vous ＿＿＿＿ ＿＿＿＿＿＿＿ me voir vendredi dernier. [venir]

7) Ils ＿＿＿＿＿ ＿＿＿＿＿＿＿ pour une semaine avant-hier. [partir]

8) Elles ＿＿＿＿＿ ＿＿＿＿＿＿＿ amies au Japon il y a longtemps. [devenir]

II-1 PaulとManonの会話を聞き、空欄を埋めて以下の文を完成しましょう。　🔊 音声 **100**

Paul　：Je ＿＿＿ ＿＿＿＿＿ à l'hôpital pour voir ma grand-mère. Elle est hospitalisée* depuis ＿＿＿＿＿ . Et je ＿＿＿＿＿ ＿＿＿＿＿＿ 2 heures. Et toi ? Qu'est-ce que tu ＿＿＿＿ ＿＿＿＿＿＿ hier ?　*être hospitalisé「入院する」

Manon：Moi, je ＿＿＿ ＿＿＿＿＿＿ avec ＿＿＿＿ ＿＿＿＿＿ , Luc. Nous ＿＿＿＿＿ ＿＿＿＿＿＿＿ au club de sport. On ＿＿＿ ＿＿＿＿＿ du tennis. Après, on ＿＿＿＿＿＿ ＿＿＿＿＿ et on ＿＿＿＿＿＿ ＿＿＿＿＿＿ .

Paul　：Et le soir ? Vous ＿＿＿＿ ＿＿＿＿＿＿＿ ensemble ?

Manon：Non, je ＿＿＿ ＿＿＿＿＿＿ chez une amie et Luc ＿＿＿＿ ＿＿＿＿＿＿ à la maison.

II-2 上の文について、質問に答えましょう。

1) Pourquoi Paul est allé à l'hôpital ?

＿＿＿＿＿＿＿＿＿＿＿＿＿＿＿＿＿＿＿＿＿＿＿＿＿＿＿＿＿＿＿＿＿＿＿＿＿＿

2) Avec qui Manon est sortie ?

＿＿＿＿＿＿＿＿＿＿＿＿＿＿＿＿＿＿＿＿＿＿＿＿＿＿＿＿＿＿＿＿＿＿＿＿＿＿

3) Qu'est-ce qu'ils ont fait ?

＿＿＿＿＿＿＿＿＿＿＿＿＿＿＿＿＿＿＿＿＿＿＿＿＿＿＿＿＿＿＿＿＿＿＿＿＿＿

4) Où est-ce que Manon est allée hier soir ?

＿＿＿＿＿＿＿＿＿＿＿＿＿＿＿＿＿＿＿＿＿＿＿＿＿＿＿＿＿＿＿＿＿＿＿＿＿＿

III ペアになって週末や長期休暇にしたことをたずねてみましょう。また自分についてもいろいろな表現を用い書いてみましょう。　🔊 音声 **101**

ex. Qu'est-ce que vous avez fait ce week-end ?

　　— Ce week-end, je suis allé(e) au musée avec mes amis.

Je préparais les examens.

▶ dans le jardin　庭で

🔊 音声 102

帰宅した母親と子どもたちが今日一日のことを話しています。最初に音声を聞き繰り返し読んでみましょう。

❶ 過去を表す文を確認しましょう。そして先に学習した複合過去形との形や意味の違いを考えましょう。

Quand je vous ai téléphoné, qu'est-ce que vous _____ ?
[   ]
Je _____ les examens.　[   ]
Alors, tu as fini tes devoirs ?　[   ]
j'ai terminé mes devoirs.　[   ]

❷ 動詞pouvoirを用いた文の意味を確かめましょう。
Je _____ maintenant ?　[   ]

VOCABULAIRE 🔊 音声 103

感想を表現する形容詞	choquant		content		émouvant	
	étonnant		excitant		impressionnant	
	inoubliable		terrible		triste	
	en colère		avoir honte		avoir peur	

52

Exercices

I 次の動詞の、指定された主語での **a)** 現在と **b)** 半過去の活用形を書いて、形や発音の違いを確かめましょう。

❗半過去形の語幹は現在形1人称複数(nous)の活用形の語幹。

半過去形の活用語尾	
je -ais	nous -ions
tu -ais	vous -iez
il -ait	ils -aient
elle -ait	elles -aient

不定詞	a)現在形	b)半過去形
1) chanter	je chante	je _____
2) aimer	tu _____	tu aimais
3) habiter	nous habitons	nous _____
4) être	je _____	j'étais
5) avoir	j'_____	j'_____
6) aller	je _____	j'_____
7) finir	je _____	je _____

II [ ] の動詞のうち、日本語に合うものを選びましょう。

❗半過去形は過去の状態や習慣(「…していた」「…するところだった」「よく…していた」)をあらわします。

1) あなたが私に電話をかけてきたとき、私はテレビを見ていました。

[J'ai regardé / Je regardais] la télé, quand tu m'as téléphoné.

2) 昨晩両親とイタリアンレストランで食事をしたが、料理がとてもおいしかった。

Hier soir, [j'ai dîné / je dînais] avec mes parents dans un restaurant italien, la cuisine [a été / était] très bonne.

3) パリに住んでいたとき、冬のある日にルーヴル美術館を見学した。それからセーヌ川クルーズの船に乗った。夜はとても寒くて、友人とカフェで一杯飲んだ。

Quand j'[ai habité / habitais] à Paris, un jour d'hiver, [j'ai visité / je visitais] le musée du Louvre. Après [j'ai pris / je prenais] le bateau sur la Seine. Le soir, il [a fait / faisait] très froid et avec mon ami, on [a bu / buvait] un verre au café.

4) 子どものころに私たちは夏にはいつもプロヴァンスの祖母の家に行った。私たちは彼女の海沿いにある家が好きだった。

Quand nous [avons été / étions] enfants, nous [sommes allés / allions] tous les étés chez notre grand-mère en Provence. Nous [avons aimé / aimions] sa maison au bord de la mer.

III 動詞pouvoirの活用形を確かめましょう。そして [ ] の動詞を使って例にならい、それぞれの場所できることと、してはいけないことを書いてみましょう。 🔊 音声 **105**

[apprendre, discuter, dormir, écouter, fumer, se reposer, lire, manger, parler, voir]

ex. au restaurant universitaire：On peut manger. On ne peut pas fumer.

1) au cinéma

2) dans la salle de classe

3) chez moi

動詞pouvoirの活用形 🔊 音声 **104**	
je peux	nous pouvons
tu _____	vous _____
il _____	ils peuvent
elle _____	elles _____

CRÉvision 半過去形 → p.67 53

Je viens d'entrer à l'université.
▶ sur le blogue　ブログ記事

音声 106　3人の人が思い出を書いたブログの記事を読みましょう。意味も考えてみましょう。

---

1. Souvenir de Camille

Quand j'étais écolière, mon professeur a beaucoup parlé de ses voyages à l'étranger. Ses histoires m'ont beaucoup impressionnée. C'est pourquoi je voulais voyager partout dans le monde. Quand j'étais lycéenne, j'ai lu les livres de Saint-Exupéry. Alors, maintenant je rêve de devenir pilote ou hôtesse de l'air. Je viens d'entrer à l'université et maintenant je fais des mathématiques et de la physique.

2. Souvenir de Nicolas

Il y a cinq ans, j'ai travaillé comme bénévole dans un village sinistré par des inondations. Beaucoup de gens travaillaient pour aider les sinistrés, les personnes âgées, les enfants et les handicapés. J'ai eu un sentiment très fort de solidarité parmi eux. Je me suis intéressé aux professions d'aide aux personnes vulnérables. Maintenant j'étudie pour devenir aide-soignant, infirmier ou médecin.

3. Souvenir de Léa et Thomas

Thomas et moi, nous avons quitté Paris. On n'aimait pas vivre dans une grande ville, les embouteillages, la pollution et surtout la vie à Paris est très chère ! Et il y a quinze ans, on a acheté une maison à la campagne et tous les week-ends nous avons fait du bricolage. Finalement on vient de déménager la semaine dernière. Moi, je travaille dans un supermarché près de chez nous seulement le matin en semaine. Thomas va au bureau à Paris deux fois par semaine et le reste de la semaine il travaille à la maison en télétravail. On peut passer plus de temps ensemble qu'avant dans une jolie maison. C'est super !

---

❶ 複合過去形に下線、半過去形に波線を引き意味を考えましょう。

❷ 動詞venirを用いた近い過去を表す文を書き出し、意味を考えましょう。

_____ 　[　　　　　　　　　　　　　　]

_____ 　[　　　　　　　　　　　　　　]

VOCABULAIRE 音声 107

学校、社会活動	avoir un job (d'été)	(夏の)アルバイトをする	participer à un camp d'entraînement sportif	合宿に参加する
	obtenir le permis de conduire	運転免許を取る	aller en France avec un visa vacances-travail	ワーキングホリディでフランスに行く
	faire du bénévolat pour aider les sinistrés (handicapés, sans-abris)	被災者(障害者、ホームレスの人々)支援のボランティアをする	participer à un stage dans une entreprise (une école, un Ehpad, une maison de retraite)	企業(学校、高齢者施設、老人ホーム)の研修に参加する

Exercices

I 3つのブログの内容について質問に答えましょう。またペアになって、質問したり答えたり するやりとりを練習しましょう。

1) Pourquoi est-ce que Camille voulait voyager dans le monde quand elle était écolière ?

_____

2) Qu'est-ce qui l'a fait rêver de devenir pilote ou hôtesse de l'air ?

_____

3) Qu'est-ce que Camille fait maintenant ?

_____

4) Qu'est-ce que Nicolas a fait il y a cinq ans ?

_____

5) Quel sentiment a-t-il eu dans un village sinistré ?

_____

6) Quels métiers est-ce qu'il voudrait faire ?

_____

7) Pourquoi Léa et Thomas ont-ils quitté Paris ?

_____

8) Est-ce que Thomas travaille toujours à Paris ? Et sa femme ?

_____

II 以下の文を近接過去形に書き換えましょう。

🔔近接過去形はvenirの現在形＋前置詞de ＋不定詞です。

voirの活用形	🔊 音声 108
je _____	nous voyons
tu _____	vous _____
il _____	ils voient
elle _____	elles _____

1) Je modifie mon mot de passe.

_____

2) On voit le Mont-Saint-Michel de la fenêtre du train.

_____

3) La lune se lève.

_____

4) Il a passé deux semaines en Normandie.

_____

III さまざまな過去の表現を用いて自分の経験したことを書いてみましょう。

_____

_____

_____

Tu vas partir tout de suite ?

▶ avant de sortir　外出の前に

🔊 音声 **109**　出かける女性が服を選んでいます。最初に音声を聞き繰り返し読んでみましょう。

Non, je vais partir dans trois heures.

Tu vas partir tout de suite ?

Mets ton kimono, il est très joli.

Pour aller à la soirée, qu'est-ce que je vais mettre ?

❶ 動詞allerを用いた近い未来を表す近接未来形を用いた文を書き出し、意味を考えましょう。

_____ tout de suite ?　[すぐに　　　　　　　　　　　　　　]

Non, _____ dans trois heures.　[　　　　　　　　　　　　　]

qu'est-ce que _____ ?　[　　　　　　　　　　　　　　　]

❷ 命令文を書き出し、意味を考えましょう。

_____ !　[　　　　　　　　　　　　　　　　　　　　]

🔊 音声 **110**

mettre の活用形

je _____	nous mettons
tu _____	vous _____
il _____	ils mettent
elle _____	elles _____

VOCABULAIRE 🔊 音声 **111**

未来の表現	tout de suite		demain		après-demain	
	le mois prochain		l'année prochaine		plus tard	
	dans trois jours (une semaine / un mois / un an)					

Exercices

I A，Bから一つずつ表現を選び、1）〜5）の文を近接未来形を用いて完成しましょう。

🔔 近接未来形はallerの現在形の活用＋不定詞です。

1）J'ai faim. Il n'y a rien à manger. Je _____ .

2）Tu ne mets pas ton manteau ? Il fait très froid ! Tu _____ .

3）Le train est en grève. On _____ .

4）Ils ont un examen demain mais ils sont paresseux. Alors, ils _____ .

5）Il est trois heures. Dépêchez-vous ! Sinon vous _____ .

ne...rien「何も ... ない」　sinon「そうでなければ」

A [arriver / être / acheter / voyager / étudier]

B [à la bibliothèque / du pain / en covoiturage / malade / à l'heure]

II Michelの週末の予定を聞き取り、表を完成させましょう。　🔊 音声 112

jour / heure	lieu	activité / rendez-vous
jeudi _____h- _____h	au bureau	travail
19h	au _____	dîner avec _____
vendredi 14h	chez moi	rentrée
		préparation du voyage
_____h	à la gare de _____	départ en TGV
21h	à la gare d'Annecy (chez _____)	arrivée
samedi 13h		_____ avec grand-mère
	au marché d'Annecy	courses pour grand-mère
20h		dîner avec _____
dimanche _____h___	à la gare d'Annecy	départ en TGV
___h___	à la gare de _____	_____ en TGV

III 以下の未来の様々な時に自分がすることを想像して書いてみましょう。

1）Cet après-midi, _____

2）Demain soir, _____

3）Ce week-end, _____

Je visiterai la ville de Toulouse.

▶ en promenade　散歩をしながら

音声
113

二組の男女が週末や来年の予定について話しています。最初に音声を聞き繰り返し読んでみましょう。

> Samedi prochain,
> je visiterai la ville de Toulouse.
> Tu passeras le week-end avec moi ?

> Vous aurez dix-huit ans l'année prochaine.
> Vous serez étudiante.

> Non, j'ai un rendez-vous.

> Ah, c'est dommage.

> En effet, je vivrai seule à Lyon.
> En quittant ma ville natale,
> je serai heureuse et triste à la fois.

❶ 単純未来形の動詞を用いた文を書き出し、意味を考えましょう。

Samedi prochain, ＿＿＿＿＿＿ la ville de Toulouse.　［ トゥルーズの町を　　　　　　　　　　］

＿＿＿＿＿＿ le week-end avec moi ?　［　　　　　　　　　　　　　　　　　　　　］

＿＿＿＿＿＿ dix-huit ans l'année prochaine.　［　　　　　　　　　　　　　　　　　］

＿＿＿＿＿＿ étudiante.　［　　　　　　　　　　　　　　　　　　　］

En effet, ＿＿＿＿＿＿ seule à Lyon.　［ その通りです。　　　　　　　　　　　　　］

❷ ジェロンディフを用いた文を書き出し、意味を考えましょう。

＿＿＿＿＿＿ ma ville natale, je serai heureuse et triste à la fois.　［　　　　　　　　］

VOCABULAIRE 🔊 音声 114

誘いを断る					
	Je ne sais pas...		Ah, c'est dommage.		Non, j'ai(un) rendez-vous.
	Je suis occupé(e).		Je n'ai pas d'argent.		Je n'ai pas le temps.

Exercices

Ⅰ 次の動詞の、指定された主語での **a)** 現在と **b)** 単純未来の活用形を書いて、形や発音の違い
を確かめましょう。

💡 単純未来形　不定詞の語尾からrをとった形＋活用語尾。語尾 -re では re をとる。aimer ➡ j'aimerai
mettre ➡ je mettrai　ただし語幹が特殊な場合が少なくないので覚えましょう。aller ➡ i　faire ➡ fe
être ➡ se　avoir ➡ au　voir ➡ ver など。

不定詞	a) 現在形	b) 単純未来形
1) voyager	je _____	je _____
2) partir	je _____	je _____
3) faire	je _____	je _____
4) voir	je _____	je _____
5) avoir	je _____	je _____
6) être	je _____	je _____
7) aller	je _____	je _____

単純未来形の活用語尾	
je -rai	nous -rons
tu -ras	vous -rez
il -ra	ils -ront
elle -ra	elles -ront

Ⅱ [　　] の不定詞をジェロンディフに書きかえて文を完成し、意味を考えましょう。

💡 ジェロンディフ：en+現在分詞(-ant) 現在分詞は1人称複数(nous)の現在形の活用語尾の -ons を、-ant
に入れ替えます。この現在分詞の前に前置詞の en を置くとジェロンディフとなり、時「〜の時、〜しながら」、
原因・条件「〜のせいで、〜すれば」、譲歩・対立「たとえ〜でも、〜する一方」などの意味をあらわします。

1) [chanter] Mon père fait la cuisine _____ des chansons préférées.

2) [faire] _____ plus d'effort, on aura une meilleure vie.

3) [travailler] Même _____ peu, elle a réussi à son examen.

Ⅲ Satoru と Miyuki の会話を聞き、内容をまとめた文の空欄をうめて完成しましょ
う。2 人の留学も終わりが近づきました。 🔊 音声 **115**

Miyuki _____ _____ au Japon le _____ _____ , mais Satoru _____
_____ en France pour améliorer son français. Et après, il _____ partout en
France. Il _____ de la France et _____ _____ ! Fantastique !

Ⅳ 例にならって、未来のことについて会話してみましょう。 🔊 音声 **116**

ex. Qu'est-ce que vous ferez ce week-end ?
[pendant les vacances / après vos études]
— Je vais sortir et je verrai un film au cinéma.

🔄 Révision　単純未来形 → p.67　ジェロンディフ → p.68

つづり字と発音のまとめ

❶ 読まない文字

音声
117

フランス語のつづり字はローマ字読みが基本です。ただし、読まれない文字があります。

語末のe	madame	
語末の**子音字**	Paris	ただしc, f, l, rは発音されることが多い。 **例** avec sportif hôpital bonjour
h（ただし、無音と 有音の区別がある）	l'hôtel（無音） le héros（有音）	母音で始まっている単語の扱い。 子音で始まっている単語の扱い。

❷ 単母音字の読み方

音声
118

a à â	ア [a] [ɑ]	ami voilà âme	
e	無音 ウ [ə] エ [e] [ɛ]	madame melon demain chanter merci	語末のe 音節がeで終わっている（開音節のとき） 音節が子音で閉じられている（閉音節のとき）
é, -er動詞の語尾	エ [e]	étudiant été	口の開きが狭い
è ê ë	エ [ɛ]	mère fenêtre	口の開きが広い
i î ï y	イ [i]	midi île stylo	
o ô	オ [o] オ [ɔ]	vélo bientôt vol mode	
u û	ユ [y]	musique sûr	

❸ 複母音字の読み方

音声
119

ai ei	エ [ɛ]	japonais treize	
au eau	オ [o]	aussi beau	
eu œu	ウ [ø] ウ [œ]	deux euro fleur sœur	開音節のとき：舌の位置は前方で、口の開 きは狭く、[e]を発音しながら唇を突きだす。 閉音節のとき：舌の位置は前方で、口の開 きは広く、[ɛ]を発音しながら唇を突きだす。
ou	ウ [u]	vous rouge	舌の位置は後方で、口の開きは狭く、唇を 突きだす。
oi	ワ [wa]	moi soir	

❹ 鼻母音になるつづり字の読み方

音声
120

前方のアン［ɛ̃］、後方のアン［ɑ̃］、後方のオン［ɔ̃］の3つです。

in im yn ym ain aim ein eim un um	前方のアン［ɛ̃］	vin symbole américain lundi parfum
an am en em	後方のアン［ɑ̃］	danser ensemble
on om	後方のオン［ɔ̃］	bonjour nombre

5 半母音になるつづり字の読み方

i, u, ouのあとに母音が来ると、母音の衝突を避けるため、前の音が短く流れて母音の体をなさなくなります。

［i］➡［j］ pi/a/no ➡ pia/no	［y］➡［ɥ］ nu/it ➡ nuit	［u］➡［w］ ou/i ➡ oui

母音字＋il, ill　ユ　［-j］ travail
子音字＋ill　　　ィユ　［-ij］ fille

6 子音字の読み方

音声 122

c＋a, o, u c＋e, i, y ç	［k］ café cours cuisine ［s］ célèbre cinéma cycle ［s］ leçon
g＋a, o, u g＋e, i, y	［g］ gare gomme guide ［ʒ］ image gilet gym
qu	［k］ quatre
s **母音字＋s＋母音字**	［s］ salade　前後が母音字に囲まれているとき以外は［s］ ［z］ rose
th	［t］ théâtre
ch	［ʃ］ chapeau
ph	［f］ photo
gn	［ɲ］ montagne

7 リエゾン、アンシェヌマン、エリズィオン

音声 123

フランス語は母音の衝突を嫌います。これを避けるために次の現象が起こります。

リエゾン (liaison)	vous‿avez les‿enfants des‿amis	発音されない語尾の子音字が、次にくる母音とともに発音されるようになること。
アンシェヌマン (enchaînement)	il‿est avec‿elle quel‿âge	発音される語尾の子音字が、次にくる母音とつながって発音されること。後ろの母音と新しい音節を作る。
エリズィオン (élision)	le＋ami ➡ l'ami ce＋est ➡ c'est je＋aime ➡ j'aime	le, la, je, me, te, se, ce, ne, de, queは次に母音で始まる単語がくると衝突を避けるためそれぞれの語尾の母音字を省略してアポストロフ（'）を入れる。

8 母音発音の3要素

母音の発音を決める要素は、①口の開き(狭い⇔広い)、②唇の形状(左右に引く⇔丸く突き出す)、③舌の位置(前方⇔後方)の3つです。口の動きの練習をしてみましょう。

①口の開き(狭い⇔広い)

[i] (狭い)

merci

[a] (広い)

ça va

②唇の形状(左右に引く⇔丸く突き出す)

[i] (左右に引く)

merci

日本語の「イ」よりも口を左右にしっかり引く。

[y] (丸く突き出す)

salut

[i]を発音しながら唇をすぼめて突き出す。

③舌の位置(前方⇔後方)

[i] (前方)

merci

舌は下前歯についている。

[u] (後方)

bonjour

奥に引かれ下前歯から離れる。

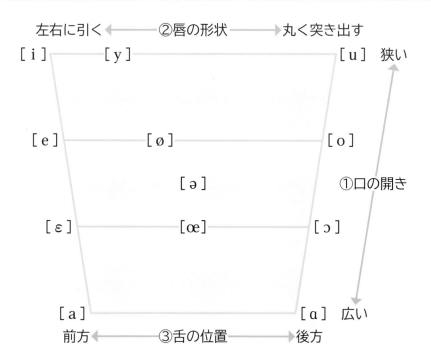

左右に引く ← ②唇の形状 → 丸く突き出す

[i]　　　　[y]　　　　　　　　　　[u]　狭い

[e]　　　　　[ø]　　　　　　　　[o]

[ə]　　　　　　　①口の開き

[ɛ]　　　　　[œ]　　　　　[ɔ]

[a]　　　　　　　　　　[ɑ]　広い

前方 ← ③舌の位置 → 後方

・母音発音の3要素（口の開き、唇の形状、舌の位置）を意識しながら読んでみましょう。 音声 125

[i] - [e] - [ɛ] - [a]

　舌を前方に（舌前歯にしっかりつける）、唇を左右に引き、[i] ➡ [a] へとしだいに口を開いていく。特に [e] ➡ [ɛ] のとき開くことを意識しましょう。

[u] - [o] - [ɔ] - [ɑ]

　舌を後方に（奥に引かれ舌前歯から離れる）、唇を丸く突き出し [u] ➡ [ɑ] へとしだいに口を開いていく。特に [o] ➡ [ɔ] のとき顎を落とすように口の奥を開きましょう。

[y] - [ø] - [œ] - [ə]

　舌を前方に、唇を丸く突き出し、[y] - [ø] - [œ] としだいに口を開いていきます。[ə] は [ø] と [œ] の中間的な音なので、[œ] を少しだけ狭く戻すようにしましょう。

[ɛ̃] [ɑ̃] [ɔ̃]

　[ɛ] [ɑ] [ɔ] の音を鼻腔に息を抜きながら発音する。

【名詞グループ】

1 名詞の性と数

職業、国籍などをあらわす名詞は原則として語尾に e を加えて、女性形にする。

例 étudiant 男子学生 ➡ étudiante 女子学生

性別を持たない物、無生物名詞には男性名詞、女性名詞の区別があらかじめ決められている。

例 soupe スープ ➡ 女性名詞　　café コーヒー ➡ 男性名詞

複数形は原則として名詞の語尾に s を加える。

例 étudiant 一人の学生 ➡ étudiants 2 人以上の学生たち

◇女性形の例外

-e は無変化（男女同形）。

-en ➡ -enne　　-er ➡ -ère　　-eur, -eux ➡ -euse　　-teur, deur ➡ -trice, drice

例 musicien ➡ musicienne　　pâtissier ➡ pâtissière　　serveur ➡ serveuse

◇複数形の例外

-s, -x, -z は無変化（単複同形）。-eau ➡ -eaux　　-eu ➡ -eux　　-al ➡ -aux

例 fils ➡ fils　　oiseau ➡ oiseaux　　lieu ➡ lieux　　animal ➡ animaux

2 不定冠詞、部分冠詞、定冠詞、所有形容詞、指示形容詞

名詞の前について名詞を具体化する。その名詞の性（男性・女性）と数（単数・複数）によって形が変化する。

		単数		複数
		男性	女性	男性／女性
不定冠詞	不特定のもの／数えられるもの	un	une	des (de)
部分冠詞	不特定のもの／数えられないもの	du(de l')	de la (de l')	―
定冠詞	特定のもの／種類全体（総称）	le (l')	la (l')	les
所有形容詞	「わたしの」	mon	ma (mon)	mes
	「きみの」	ton	ta (ton)	tes
	「彼の／彼女の」	son	sa (son)	ses
	「私たちの」	notre		nos
	「あなたの／あなたたちの」	votre		vos
	「彼らの／彼女らの」	leur		leurs
指示形容詞	「この／その／あの」	ce (cet)	cette	ces

◇des は形容詞＋名詞の前では de とするのが原則。例 de petits sacs
◇否定文では、直接目的語につく不定冠詞、部分冠詞は de(d') となる。pas de は数量ゼロを表す。
un/une/des/du/de la/de l' ＋名詞 ➡ （否定文）de＋名詞
◇指示形容詞は名詞のあとに -ci, -là をつけて遠近を区別できる。　例 ce sac-ci「このかばん」、ce sac-là「あのかばん」。

❸ 形容詞の性と数

形容詞は修飾する名詞に合わせて、性・数が変化する。原則は以下の4つの形がある。

男性単数	女性単数	男性複数	女性複数
—	— e	— s	— es

◇**女性形の例外**

-eは無変化(男女同形)。

-er ➡ ère　-eur, -eux ➡ -euse　-f ➡ -ve　-et ➡ -ète

　例 léger ➡ légère　heureux ➡ heureuse　sportif ➡ sportive

　　complet ➡ complète　public ➡ publique　long ➡ longue

◇**複数形の例外**

-s, -x, -zは無変化(単複同形)。-eau ➡ -eaux　-eu ➡ -eux　-al ➡ -aux

　例 japonais ➡ japonais　beau ➡ beaux　général ➡ généraux

◇**男性第2形を持つ形容詞**

beau(bel) ➡ belle　nouveau(nouvel) ➡ nouvelle　vieux(vieil) ➡ vieille　fou(fol) ➡ folle

◇**特殊な女性形をとる形容詞**

bon ➡ bonne　gentil ➡ gentille　blanc ➡ blanche　frais ➡ fraîche

❹ 形容詞の位置

原則として、形容詞は名詞のうしろに置く。ただし、bon, mauvais, beau, joli, grand, petit, vieux, nouveau, jeune, gros, long など、よく使う短い形容詞は名詞の前におく。

　冠詞 ＋ よく使う短い形容詞 ＋ 名詞 ＋ 一般の形容詞

それぞれの形容詞は名詞の性・数に合わせて変化する。

　un petit sac noir / une petite jupe noire / de petits sacs noirs / de petites jupes noires
形容詞が名詞の前にあるとき、不定冠詞の複数はdesでなくてdeとなる。

【動詞】

❺ 現在形(er動詞／-ir動詞／その他の不規則動詞)

音声 126

	-er		-ir, oir, re		chanter	finir
je(j')	-e	無音	-s(x)	無音	je chante	je finis
tu	-es	無音	-s(x)	無音	tu chantes	tu finis
il / elle	-e	無音	-t(∅)	無音	il / elle chante	il / elle finit
nous	-ons	オン	-□ons	オン	nous chantons	nous finissons
vous	-ez	エ	-□ez	エ	vous chantez	vous finissez
ils / elles	-ent	無音	-□ent	無音	ils / elles chantent	ils / elles finissent

◇重要な不規則動詞

 音声 127

être	avoir	aller	venir
je suis	j' ai	je vais	je viens
tu es	tu as	tu vas	tu viens
il / elle est	il / elle a	il / elle va	il / elle vient
nous sommes	nous avons	nous allons	nous venons
vous êtes	vous avez	vous allez	vous venez
ils / elles sont	ils / elles ont	ils / elles vont	ils / elles viennent

◇その他の不規則動詞

音声 128

faire	voir	partir	mettre
je fais	je vois	je pars	je mets
tu fais	tu vois	tu pars	tu mets
il / elle fait	il / elle voit	il / elle part	il / elle met
nous faisons	nous voyons	nous partons	nous mettons
vous faites	vous voyez	vous partez	vous mettez
ils / elles font	ils / elles voient	ils / elles partent	ils / elles mettent

prendre	vouloir	acheter	s'appeler
je prends	je veux	j' achète	je m'appelle
tu prends	tu veux	tu achètes	tu t'appelles
il / elle prend	il / elle veut	il / elle achète	il / elle s'appelle
nous prenons	nous voulons	nous achetons	nous nous appelons
vous prenez	vous voulez	vous achetez	vous vous appelez
ils / elles prennent	ils / elles veulent	ils / elles achètent	ils / elles s'appellent

6 命令文

現在形の活用の文から主語(tu, vous, nous)をとった形。-er動詞のtuに対する命令は語尾-esのsをとる。

Tu parles plus fort. ➡ Parle plus fort.　もっと大きな声で話して。

Vous parlez plus fort. ➡ Parlez plus fort.　もっと大きな声で話してください。

Nous parlons plus fort. ➡ Parlons plus fort.　もっと大きな声で話そう。

• être, avoir は特殊な形をとる。

être：tu ➡ sois　　vous ➡ soyez　　nous ➡ soyons

avoir：tu ➡ aie　　vous ➡ ayez　　nous ➡ ayons

7 近接過去

近い過去のことをあらわす。　| venir の現在形 | + | de(d') | + | 不定詞 |

Il vient d'arriver.　彼は到着したばかりだ。

8 近接未来

近い未来のことをあらわす。 | aller の現在形 | + | 不定詞 |

Nous allons voyager en France. 　私たちはフランスを旅行します。

命令（強調）をあらわす。主語が tu, vous の場合。

Tu ne vas pas sortir seul. 　ひとりで出かけてはいけないよ。

9 複合過去形

過去の出来事や、完了、経験をあらわす。

| 助動詞（être または avoir の活用） | + | 過去分詞 |　*être を助動詞にとるとき、過去分詞は主語に性数一致。

• être を過去分詞にとるのは aller, venir, arriver, partir, sortir, naître, mourir, entrer, rentrer, rester などの自動詞。

過去分詞の形：-er 動詞 ➡ -é［エ］　ir 動詞 ➡ -i［イ］　など

例 aimer ➡ aimé 　　finir ➡ fini

その他：-oir, -re ➡ -u［ユ］, -is, -it［イ］

例 lire ➡ lu 　voir ➡ vu 　faire ➡ fait 　prendre ➡ pris 　avoir ➡ eu 　être ➡ été

naître ➡ né 　mourir ➡ mort

J'ai fait du tennis hier. 　昨日テニスをした。

Il est parti. 　彼は出かけた。 　　Elle est partie. 　彼女は出かけた。

• 代名動詞はすべて 　| être | + | 過去分詞 |

Il s'est levé à sept heures. 　彼は 7 時に起きた。

Elle s'est couchée à onze heures. 　彼女は 11 時に寝た。

10 半過去形

過去の状況、過去に進行中だったこと、過去の習慣をあらわす。語幹は現在形の 1 人称複数の語幹。

En 2000, il était étudiant. 　2000 年には彼は学生だった。

Quand elle est rentrée, sa fille regardait la télé. 　彼女が帰宅した時、娘はテレビを見ていた。

Quand j'étais petit, je faisais souvent du ski à la montagne.

子どもの頃、よく山でスキーをした。

11 単純未来形

未来のことや軽い命令をあらわす。語調を緩和するはたらきもある。語幹は不定詞の語尾から r を、語尾が re の場合は re をとった形。例外もある。

Je partirai demain. 　明日出発します。　Tu passeras à la boulangerie. 　パン屋に寄ってね。

［例外の語幹］

être ➡ je serai 　avoir ➡ j'aurai 　faire ➡ je ferai

aller ➡ j'irai 　venir ➡ je viendrai 　voir ➡ je verrai 　pouvoir ➡ je pourrai

◇直説法の時制のまとめ

主語	現在形 -er		-ir, oir, -re		複合過去	半過去	単純未来
je	-e	無音	-s(x)	無音	avoir + 過去分詞 être	-ais エ	-rai レ
tu	-es	無音	-s(x)	無音		-ais エ	-ras ラ
il / elle	-e	無音	-t [∅]	無音	過去分詞のかたち	-ait エ	-ra ラ
nous	-ons オン	□ons	オン	-er ➡ -é エ	-ions ィオン	-rons ロン
vous	-ez エ	□ez	エ	-ir ➡ i イ	-iez ィエ	-rez レ
ils / elles	-ent 無音	□ent	無音	-oir, -re ➡ -u -is, -it ユ、イ	-aient エ	-ront ロン

⑫ ジェロンディフ

　en＋現在分詞(-ant)。現在分詞は1人称複数(nous)の現在形の活用語尾-onsを、-antに入れかえる。現在分詞の前に前置詞enを置くとジェロンディフとなり、時「～の時、～しながら」、原因・条件「～のせいで、～すれば」、譲歩・対立「たとえ～でも、～する一方」などの意味を持つ。

　　　例外 avoir ➡ en ayant, être ➡ en étant, savoir ➡ en sachant

　　　Il travaille en chantant.　彼は歌いながら仕事をしている。

　　　En prenant le métro, vous arriverez plus vite.　地下鉄に乗ればもっと早くに到着しますよ。

　　　Elle reste mince tout en mangeant trop de chocolat.

　　　彼女はチョコレートを食べすぎるが、スリムなままです。

【代名詞】

⑬ 人称代名詞(直接目的補語、間接目的補語、再帰代名詞、強勢形)

主語	直接目的補語(～を)	間接目的補語*1(～に)	再帰代名詞*2		強勢形*3
je	me(m')	me(m')	me(m')		moi
tu	te(t')	te(t')	te(t')		toi
il	le(l')	lui	se(s')		lui
elle	la(l')	lui	se(s')	＋動詞	elle
nous	nous	nous	nous		nous
vous	vous	vous	vous		vous
ils	les	leur	se(s')		eux
elles	les	leur	se(s')		elles

*1 間接目的補語はà＋人に代わる。
*2 再帰代名詞＋動詞＝代名動詞「自分を～する」、「互いに～する」(相互用法)、「～される」(受動用法)、その他慣用表現。
*3 前置詞のあと、C'est...のあと、比較のqueのあと、または単独で使う。

直接目的補語：Je t'aime.　私はあなたを愛している。

間接目的補語：Tu lui écris une lettre ?　君は彼(彼女)に手紙を書くの？

再帰代名詞　：Elle se regarde.　彼女は自分を見つめる。

　　　　　　　　Ils s'aiment.　彼らは互いに愛し合っている。

　　　　　　　　Ce livre se vend bien.　その本はよく売れている。

強勢形 ： Vous venez avec moi ?　私と一緒に来ますか？

C'est toi, Marie ?　あなたなの、マリー？

Elle est moins grande que lui.　彼女は彼ほど背が高くない。

⑭ 中性代名詞

| en | 不特定の「それ、それら」／〈de（前置詞）＋名詞〉を受ける。 |

Tu veux du café ?　— Oui, j'en veux bien.　はい、（それが）ほしいです。(en=du café)

Tu as besoin de mon aide ?　— Oui, j'en ai besoin.

はい、それが必要だ。(en=de mon aide)

| y | 場所をあらわす「そこ（英＝there）」／〈à（前置詞）＋名詞〉を受ける。 |

Comment vas-tu à la gare ?　— J'y vais à moto.

私はそこへバイクで行く。(y=à la gare)

J'ai reçu son mail et j'y ai répondu.

彼のメールを受け取って、それに返事をしました。(y= à son mail)

| le | 他の代名詞が受けないもの（不定詞、形容詞、節、文）を受ける。 |

Il est heureux. Je le suis aussi.　彼は幸せだ。私もそうだ。(le=heureux)

Sa mère est absente mais il ne le sait pas.

母が不在だが、それを彼は知りません。(le=que sa mère est absente)

⑮ 指示代名詞

関係詞節など、必ず修飾の表現がともなう。

Je voudrais celle-ci.　これをください。

Voilà mon vélo et celui de mon frère.　ほら私の自転車と弟のそれ（自転車）だよ。

	単数	複数
男性	celui	ceux
女性	celle	celles

[性により変化しない]

ce 「これ、それ、これら、それら」c'est... / ce sont... / ce que など特定の表現でのみ用いる。

　C'est un musée. Ce sont des magasins.

ceci 「これ」 Je préfère ceci à cela.　あれよりこれの方が好きです。

cela（ça : celaの口語表現）「これ、それ、あれ」

　Donnez-moi cela（ça）.　これ（それ）をください。

【文のしくみ、その他】

⑯ 否定文

動詞をne(n')とpasではさむ。　| ne(n') | ＋ | 動詞 | ＋ | pas |

[pas以外の否定]

Je n'ai plus d'argent.　もうお金がない。　Je ne chante jamais.　決して歌いません。

Elle ne mange que des légumes.　彼女は野菜しか食べません。

- 複合過去形の否定 ｜ ne(n') ｜ + ｜ avoir/être ｜ + ｜ pas ｜ + ｜ 過去分詞 ｜

Je n'ai pas acheté ce pantalon. 私はそのズボンは買いませんでした。

⑰ 疑問文

①イントネーションを上げる。Vous êtes étudiant ?

②Est-ce que(qu')を文頭におく。Est-ce que vous êtes étudiant ?

③主語と動詞を倒置して、トレデュニオンで結ぶ。Êtes-vous étudiant ?

- 倒置によって動詞と主語が母音衝突をするときは、-t-で結ぶ。Habite-t-il à Osaka ?
- 名詞主語はそのままに置き、代わりの代名詞を倒置する。Ken habite-t-il à Osaka ?
- ただし疑問詞によっては、名詞主語でも単純倒置が可能。

Où habite Marie ? マリーはどこに住んでいるのですか。

Comment rentrent Paul et Sylvie ? ポールとシルヴィはどうやって帰るのですか。

- 疑問文に肯定で答える ➡ oui   否定で答える ➡ non   否定疑問文に肯定で答える ➡ si

Vous êtes français ? — Oui, je suis français. — Non, je ne suis pas français.

Vous n'êtes pas français ? — Si, je suis français. — Non, je ne suis pas français.

⑱ 疑問代名詞

人について「誰／誰が／誰を」とたずねるときに使う。

	誰？	誰が～？	誰を～？
qui	Qui est-ce ?	Qui danse là-bas ?	Qui attendez-vous ?
	C'est qui ?	Qui est-ce qui danse là-bas ?	Qui est-ce que vous attendez ?

物について「何／何が／何を」とたずねるときに使う。

	何？	何が～？	何を～？
que (qu')	Qu'est-ce que c'est ?	Qu'est-ce qui se passe ?	Que faites-vous ?
	C'est quoi ?		Qu'est-ce que vous faites ?

⑲ 疑問形容詞

	単数	複数
男性	quel	quels
女性	quelle	quelles

- Quel(le)＋名詞～？

Quelle couleur aimez-vous ? どんな色が好きですか。

Quels films aimez-vous voir ? どんな映画をみるのが好きですか。

- Quel(le)＋est～？

Quel est votre prénom ? 下の名前は何というのですか。

Quelles sont vos chansons préférées ?

あなたの好きな曲は何ですか。

⑳　疑問副詞

où	どこ	Où habitez-vous ?
quand	いつ	Quand partez-vous ?
comment	どのように	Comment venez-vous ici ?
pourquoi	なぜ	Pourquoi étudiez-vous le français ?
combien	いくら／いくつ	C'est combien ? / Combien d'huîtres voulez-vous ?

Vous habitez où ? = Où est-ce que vous habitez ? = Où habitez-vous ?

㉑　比較級、最上級

比較級	A	plus aussi ＋形容詞（副詞）＋ que B moins	AはBよりもより～　　（A＞B） AはBと同様に～　　　（A＝B） AはBほど～ない　　　（A＜B）

Paul est plus grand que Manon.　ポールはマノンより背が高い。

Pierre est aussi sportif que son frère.　ピエールは兄弟と同じくらいスポーツが好きだ。

◇特殊な比較級　~~plus bon~~ ➡ meilleur よりよい　　~~plus bien~~ ➡ mieux よりよく

Elle cuisine mieux que moi.　彼女は私よりも料理が上手だ。

最上級	A le / la / les	plus moins ＋形容詞＋ de ...	Aは…のうちでもっとも～ Aは…のうちでもっとも～ない

Paul est le moins grand de notre famille.　ポールは家族の中で一番背が低い。

C'est la meilleure baguette de Paris.　これはパリでいちばんおいしいバゲットだ。

◇副詞の最上級：定冠詞はleのみ用います。

Elle marche le plus vite de la classe.　彼女はクラスで一番歩くのが速い。

㉒　非人称表現

①天候：Il fait froid. 寒いです。　Il pleut. 雨が降っている。　②時刻：Il est cinq heures. 5時です。

③その他：～がある：Il y a un café devant la gare. 駅の前にカフェがある。

　～しなければならない、～が必要だ：Il faut changer à Paris. パリで乗り換えなければなりません。

㉓　前置詞

場所	sur～ ～の上　sous～ ～の下　à～ ～で、～に、～へ　de～ ～から　devant～ ～の前 derrière～ ～の後ろ　dans～ ～の中　entre A et B AとBの間　à côté de～ ～の隣
時	à～ ～に、～まで　après～ ～のあと　avant～ ～の前　de～ ～から pendant～ ～の間　depuis～ ～から
目的	pour～ ～のために
同伴	avec～ ～と一緒に

・à, de は定冠詞le, les があとにくると縮約する（à la, à l', de la, de l' はそのまま）

　　~~à le~~ ➡ au　　à la ➡ à la　　~~à les~~ ➡ aux

　　~~de le~~ ➡ du　　de la ➡ de la　　~~de les~~ ➡ des

・国名につく前置詞はau/du(de l')＋男性国名、en/de(d')＋女性国名／母音や無音のhで始まる男性国名、aux / des ＋複数国名

確認問題

1 それぞれの名詞の女性形を書きましょう。　⇨①

1）français _____ 2）comédien _____ 3）vendeur _____
4）directeur _____ 5）sommelier _____ 6）dentiste _____

2 それぞれの名詞の複数形を書きましょう。　⇨①

1）italien _____ 2）pantalon _____ 3）japonais _____
4）cheveu _____ 5）bateau _____ 6）journal _____

3 それぞれの単語が男性名詞なら男、女性名詞なら女を空欄に書きましょう。　⇨①

1）tomate _____ 2）cinéma _____ 3）chocolat _____
4）parfum _____ 5）glace _____ 6）télévision _____

4 空欄に不定冠詞を書きましょう。　⇨②

1）_____ montre 2）_____ livre 3）_____ voitures
4）_____ thé 5）_____ gâteaux 6）_____ hôpitaux

5 空欄に定冠詞を書きましょう。　⇨②

1）_____ France 2）_____ Japon 3）_____ États-Unis
4）_____ école 5）_____ musique 6）_____ chaussures

6 空欄に部分冠詞を書きましょう。　⇨②

1）_____ café 2）_____ viande 3）_____ eau 4）_____ chance

7 日本語に合うように（　）にフランス語を書きましょう。　⇨②

1）（私の　　　　）sac 2）（君の　　　　）voiture 3）（彼の　　　　）père
4）（彼女の　　　　）père 5）（あなたの　　　　）carte 6）（私たちの　　　　）vélo
7）（あなたたちの　　　　）mère 8）（あなたたちの　　　　）parents 9）（私たちの　　　　）enfants
10）（彼らの　　　　）maison 11）（私の　　　　）enfants 12）（彼女らの　　　　）amis

8 日本語に合うように（　）にフランス語を書きましょう。　⇨②

1）（この　　　）manteau 2）（この　　　）table 3）（この　　　）lunettes
4）（この　　　）hôtel 5）（あの　　　）photo 6）（あの　　　）cinéma
7）（この　　　）veste-ci 8）（あの　　　）veste-là 9）（この　　　）gâteaux

9 それぞれの形容詞の女性形を書きましょう。　　　　　　　　　　　　⇨ **3**

1) petit _____
2) simple _____
3) bon _____
4) léger _____
5) actifs _____
6) nouveau _____

10 それぞれの形容詞の複数形を書きましょう。　　　　　　　　　　　　⇨ **3**

1) joli _____
2) grand _____
3) français _____
4) beau _____
5) paresseux _____
6) international _____

11 [　　] 内の単語を並べ替え、名詞に応じて冠詞、形容詞の性や数を変えて、日本語に合う
フランス語を完成させましょう。　　　　　　　　　　　　　　　　　　　⇨ **4**

1) 大きなカバン　[sac / grand / un]
　　単数 _____　　複数 _____
2) フランス製の美しい腕時計　[un / beau / français / montre]
　　単数 _____　　複数 _____
3) 素敵で快適な家　[maison / un / confortable / joli]
　　単数 _____　　複数 _____
4) 美しくて頭のよい鳥　[beau / oiseau / un / intelligent]
　　単数 _____　　複数 _____

12 適切な活用形を@〜ⓒから選び、意味も考えましょう。(第1群er型、第2群ir型規則動詞)　⇨ **5**

1) Nous _____ de la musique classique.　@écoutez ⓑécoutons ⓒécoutent
2) Je _____ tard ce soir.　@rentre ⓑrentres ⓒrentrons
3) On _____ ensemble !　@dîne ⓑdînes ⓒdînons
4) Elle _____ son travail à cinq heures ?　@finir ⓑfinit ⓒfinis
5) Ils _____ un menu à 20 euros.　@choisit ⓑchoisissons ⓒchoisissent

13 適切な活用形を@〜ⓒから選び、意味も考えましょう。(動詞être, avoir, aller, venir)　⇨ **5**

1) Je _____ étudiant en physique.　@est ⓑes ⓒsuis
2) Vous _____ des problèmes avec vos amis ?　@avez ⓑavons ⓒas
3) Paul _____ quel âge ?　@as ⓑa ⓒont
4) Elles _____ contentes de nos cadeaux.　@est ⓑsont ⓒont
5) Tu _____ chez tes amis pendant les vacances ?　@va ⓑvas ⓒvais
6) Il _____ d'Allemagne pour ses études.　@viens ⓑvient ⓒviennent
7) Pierre et Marie _____ au marché en voiture.　@ont ⓑsont ⓒvont

14 適切な活用形を@〜©から選び、意味も考えましょう。(他の重要な不規則動詞)　　⇨**5**

1) Tu _____ du café après le dessert ?　　　　@prend　ⓑprends　©prenez

2) Mes parents _____ de la marche le week-end.　@vont　ⓑfont　©ont

3) Pierre _____ ses gants. Il a froid.　　　　　@met　ⓑest　©va

4) Ils _____ une église magnifique.　　　　　@voient　ⓑvoit　©voyons

5) Tu _____ encore du pain ?　　　　　　　　@veut　ⓑveux　©voulons

6) Vous _____ réserver votre place sur Internet ?　@veut　ⓑvoulons　©voulez

7) Tu _____ tout de suite ?　　　　　　　　　@part　ⓑpartez　©pars

8) J' _____ ce joli pantalon vert.　　　　　　@achète　ⓑachetez　©achètes

9) Tu t' _____ comment ?　　　　　　　　　@appelles　ⓑappelle　©appelez

15 日本語に合うように(　　)の動詞を使って命令文を完成しましょう。　　⇨**6**

1) ここで煙草を吸わないでください。　Ne _____ pas ici. (fumer)

2) いっしょに踊ろう。　　　　　　　_____ ensemble. (danser)

3) 私のいうことを聞いてちょうだい！　_____-moi ! (écouter)

4) すぐに出発してください。　　　　_____ tout de suite. (partir)

5) おとなしくしていなさい。　　　　_____ sage. (être)

6) 勇気を出しましょう。　　　　　　_____ du courage. (avoir)

16 (　　)の動詞を近接過去にして、文を完成させましょう。　　⇨**7**

1) Je (terminer) mon petit déjeuner.　➡ _____

2) Ils (arriver) à l'aéroport.　　　　➡ _____

17 (　　)の動詞を近接未来にして、文を完成させましょう。　　⇨**8**

1) Je (avoir) 20 ans dans un mois.　➡ _____

2) Nous (voir) un film espagnol la prochaine fois. ➡ _____

3) Vous (faire) la cuisine ce soir.　➡ _____

18 それぞれの不定詞の過去分詞形を書きましょう。　　⇨**9**

1) chanter _____　2) manger _____　3) sortir _____

4) venir _____　5) faire _____　6) prendre _____

19 (　　)から適切な活用を選び、複合過去形の文を完成しましょう。　　⇨**9**

1) Il (a / est) allé à la fac mardi dernier.

2) Vous (avez / êtes) pris des photos en Normandie ?

3) Tu (as / es) visité le musée d'Orsay ?

4) Elles (ont / sont) déjà (parti / parties) en vacances.

20 （　　）の動詞を複合過去形にして、文を完成しましょう。 ⇨ **9**

1 ）Qu'est-ce que tu _____ au supermarché ? (acheter)

2 ）Mon père _____ un match de baseball à la télé. (regarder)

3 ）Elle _____ 《Le Petit Prince》 en classe. (lire)

4 ）Ils _____ au zoo en famille. (aller)

5 ）Ma sœur _____ il y a trois mois. (partir)

6 ）Nous _____ ici hier après-midi. (venir)

7 ）Elle _____ à six heures ce matin. (se lever)

21 （　　）の動詞を半過去形にして、文を完成しましょう。意味も考えましょう。 ⇨ **10**

1 ）Quand il est rentré, sa femme _____ avec son amie dans la cuisine. (parler)

2 ）Quand je _____ du bureau, un client est venu me voir. (partir)

3 ）Pendant que Paul et Marie _____ , leurs enfants _____ dans le jardin.
（travailler, jouer）

4 ）J' _____ souvent au lac pendant les vacances. (aller)

5 ）Avant, il y _____ un grand arbre derrière l'église. (avoir)

22 （　　）の動詞を単純未来形にして、文を完成しましょう。意味も考えましょう。 ⇨ **11**

1 ）Elle _____ dans un mois. (rentrer)

2 ）Nous _____ des glaces comme dessert. (choisir)

3 ）Paul et Marie _____ à Paris le mois prochain. (aller)

4 ）Je _____ demain matin. (venir)

23 （　　）の動詞をジェロンディフにして文を完成しましょう。意味も考えましょう。 ⇨ **12**

1 ）Je fais du jogging _____ de la musique à la radio. (écouter)

2 ）_____ ce livre, tu peux apprendre facilement la grammaire. (lire)

3 ）Tout _____ la vérité, il ne me dit rien. (savoir)

24 空欄に適切な人称代名詞(直接目的補語)を入れて、対話を完成しましょう。 ⇨ **13**

1 ）Tu donnes ce sac à Paul ? — Oui, je _____ donne à Paul.

2 ）Elle voit souvent ses parents ? — Oui, elle _____ voit toujours.

3 ）Vous aimez ma veste ? — Non, je ne _____ aime pas.

4 ）Tu m'écoutes ? — Oui, je _____ écoute.

25 空欄に適切な人称代名詞(直接目的補語、間接目的補語)を入れて、対話を完成しましょう。　⇨ **13**

1）Vous donnez ce livre à votre frère ? — Oui, je ＿＿＿＿ donne ce livre.

2）Tu écris des e-mails à tes amis ? — Oui, je ＿＿＿＿ écris des e-mails.

3）Il te donne son adresse ? — Oui, il ＿＿＿ ＿＿＿ donne.

4）Elle offre ces fleurs à ses parents ? — Non, elle ne ＿＿＿ ＿＿＿ offre pas.

26 空欄に適切な人称代名詞(強勢形)を入れて、対話を完成しましょう。　⇨ **13**

1）C'est vous, Pierre ? — Oui, c'est ＿＿＿＿ .

2）Tu voyages en Italie avec tes amis ? — Oui, je voyage en Italie avec ＿＿＿＿ .

3）Manon est aussi sportive que Marie et Alice ? — Non, elle est moins sportive qu'＿＿＿＿ .

27 代名動詞を適切な形にして、文を完成しましょう。意味も考えましょう。　⇨ **13**

1）Je ＿＿＿＿＿＿＿＿ avant minuit. (se coucher)

2）Tu ＿＿＿＿＿＿＿ les mains avant le repas. (se laver)

3）Ils ＿＿＿＿＿＿＿＿ quelquefois dans un café. (se voir)

4）Ce livre ＿＿＿＿＿＿＿＿ en deux heures. (se lire)

28 空欄に適切な中性代名詞を入れて、対話を完成しましょう。　⇨ **14**

1）Tu vas à la gare à pied ? — Non, j'＿＿＿＿ vais en bus.

2）Marie pense toujours à son avenir ? — Oui, elle ＿＿＿＿＿ pense toujours.

3）Avez-vous des frères et sœurs ? — Oui, j'＿＿＿＿＿ ai trois.

4）Elle revient bientôt de la poste ? — Non, elle n'＿＿＿＿ revient pas encore. Elle ＿＿＿＿ va après le travail.

5）Tu sais que son père est malade ? — Oui, je ＿＿＿＿ sais.

6）Tes frères sont petits ? — Non, ils ne ＿＿＿＿ sont plus maintenant.

29 空欄に適切な指示代名詞を入れて、文を完成しましょう。　⇨ **15**

1）Tu aimes la pop japonaise ? — Oui, j'adore ＿＿＿＿＿ .

2）Voici ma jupe et ＿＿＿＿＿ de ma sœur.

3）De ces deux pantalons, lequel* préférez-vous, ＿＿＿＿＿-ci ou ＿＿＿＿＿-là ?

*lequel =「どれ」

30 否定文にしましょう。 ⇨ 16

1) Je travaille en été. ➡ _____

2) Il habite avec ses parents. ➡ _____

3) Elles ont des frères. ➡ _____

4) Il est arrivé* à l'hôtel. ➡ _____

*時制に注意

31 指示された形の疑問文にしましょう。 ⇨ 17

1) Vous aimez le football. [倒置疑問文に] ➡ _____

2) Elle marche dans la rue. [est-ce que を使った疑問文に] ➡ _____

3) Il mange un pain au chocolat ? [倒置疑問文に] ➡ _____

4) Marie étudie à Paris. [倒置疑問文に] ➡ _____

32 疑問文に肯定と否定で答えましょう。 ⇨ 17

1) Vous parlez anglais ? ➡ [肯定] _____

➡ [否定] _____

2) Luc n'aime pas le sport ? ➡ [肯定] _____

➡ [否定] _____

33 日本語にふさわしい疑問代名詞を空欄に入れて、文を完成しましょう。 ⇨ 18

1) C'est（何　　　　　　　　）＝（何　　　　　　　　）c'est ?

2) （何を　　　　　　　）vous regardez ?

3) （何を　　　　　　　）faites-vous ?

4) （何が　　　　　　）ne va pas ?

5) （誰を　　　　　　　）vous cherchez ?

6) （誰が　　　　　　　）fait la vaisselle aujoud'hui ?

7) Vous sortez avec（誰　　　　　　）?

34 日本語に合うように（　　）に疑問形容詞を入れて、文を完成しましょう。 ⇨ 19

1) Tu te lèves à（何　　　　）heure ?　何時に起きるの？

2) （どんな　　　　）sports aimez-vous ?　どんなスポーツが好きですか？

3) （何　　　　）est ton adresse e-mail ?　Eメールアドレスを教えてください。

4) （何　　　　）sont vos passe-temps favoris ?　好きな余暇の過ごし方はなんですか？

35 日本語に合うように（　　）に疑問副詞を入れて、文を完成しましょう。　　⇨**20**

1） Tu travailles（どこ　　　　　　　　　　　　　　　）?
2） C'est（いくら　　　　　　　　　　　　）?
3）（いくつ　　　　　　　　　　　）de pommes achetez-vous ?
4）（いつ　　　　　　　　　　）est-ce qu'ils viennent ?
5）（なぜ　　　　　　　　　　）est-ce que vous quittez Paris ?
6）（どのように　　　　　　　　　　　）allez-vous au supermarché ?

36 日本語に合うように空欄に適切な語を入れて、比較級、最上級の文を完成しましょう。　⇨**21**

1） Mon père est ＿＿＿＿＿＿ grand que ma mère.　父は母よりも背が高い。
2） Pierre est ＿＿＿＿＿＿ intelligent que moi.　ピエールは私ほど賢くない。
3） Le saké japonais est ＿＿＿＿＿ que le vin français.　日本酒はフランスワインよりもおいしい。
4） Quelle est la montagne ＿＿＿ ＿＿＿＿＿＿ haute du monde ?
　　世界一高い山は何でしょうか。
5） Marie chante ＿＿＿ ＿＿＿＿＿＿ de sa classe.　マリーはクラスで一番歌がうまい。

37 日本語に合うように空欄に適切な語を入れて、文を完成しましょう。　　⇨**22**

1） Il ＿＿＿＿＿＿ beau et chaud aujourd'hui.　今日は晴れていて暑い。
2） En hiver, il ＿＿＿＿＿＿ beaucoup en Suisse.　スイスで冬は雪が多い。
3） Il ＿＿＿＿＿＿ dix minutes pour arriver à la fac.　大学へ行くのに10分必要だ。
4） Il ＿＿＿＿＿＿ faire attention sur la route.
　　道路では注意しないといけない。
5） Il ＿＿＿ ＿＿＿ des embouteillages sur l'autoroute.　高速道路は渋滞している。

38 日本語に合うように空欄に適切な前置詞を入れて、文章を完成しましょう。　⇨**23**

1） Je vais ＿＿＿＿＿ Nice.　私はニースに行きます。
2） La banque est ＿＿＿＿＿＿ le restaurant et la pharmacie.
　　銀行はレストランと薬局の間にあります。
3） Je mets mon sac ＿＿＿＿＿＿ la table.　私はカバンをテーブルの下に置きます。
4） Nous allons ＿＿＿＿＿＿ restaurant italien.　私たちはイタリアレストランに行きます。
5） Vous venez ＿＿＿＿＿＿ bureau en métro ?　あなたは会社から地下鉄で来ますか？
6）＿＿＿＿＿＿ les cours, on va au cinéma ?　授業のあとで、映画に行きましょうか？
7） Je vais acheter un billet ＿＿＿＿＿＿ mon départ.　出発前にチケットを買います。
8） Je suis étudiant à Paris ＿＿＿＿＿＿ apprendre le français.
　　私はフランス語を勉強するためにパリに留学しています。
9） On va ＿＿＿＿＿＿ Espagne ＿＿＿＿＿＿ bus.　私たちはバスでスペインに行く。

動 詞 活 用 表

不定法	直　　説　　法			

① avoir

現在分詞 ayant
過去分詞 eu [y]

現　在	半　過　去	単純過去	単純未来
j' **ai** [e]	j' **avais**	j' **eus** [y]	j' **aurai**
tu **as**	tu **avais**	tu **eus**	tu **auras**
il **a**	il **avait**	il **eut**	il **aura**
nous **avons**	nous **avions**	nous **eûmes**	nous **aurons**
vous **avez**	vous **aviez**	vous **eûtes**	vous **aurez**
ils **ont**	ils **avaient**	ils **eurent**	ils **auront**

複合過去	大　過　去	前　過　去	前　未　来
j' ai eu	j' avais eu	j' eus eu	j' aurai eu
tu as eu	tu avais eu	tu eus eu	tu auras eu
il a eu	il avait eu	il eut eu	il aura eu
nous avons eu	nous avions eu	nous eûmes eu	nous aurons eu
vous avez eu	vous aviez eu	vous eûtes eu	vous aurez eu
ils ont eu	ils avaient eu	ils eurent eu	ils auront eu

② être

現在分詞 étant
過去分詞 été

現　在	半　過　去	単純過去	単純未来
je **suis**	j' **étais**	je **fus**	je **serai**
tu **es**	tu **étais**	tu **fus**	tu **seras**
il **est**	il **était**	il **fut**	il **sera**
nous **sommes**	nous **étions**	nous **fûmes**	nous **serons**
vous **êtes**	vous **étiez**	vous **fûtes**	vous **serez**
ils **sont**	ils **étaient**	ils **furent**	ils **seront**

複合過去	大　過　去	前　過　去	前　未　来
j' ai été	j' avais été	j' eus été	j' aurai été
tu as été	tu avais été	tu eus été	tu auras été
il a été	il avait été	il eut été	il aura été
nous avons été	nous avions été	nous eûmes été	nous aurons été
vous avez été	vous aviez été	vous eûtes été	vous aurez été
ils ont été	ils avaient été	ils eurent été	ils auront été

③ aimer

現在分詞 aimant
過去分詞 aimé

第1群 規則動詞

現　在	半　過　去	単純過去	単純未来
j' **aime**	j' **aimais**	j' **aimai**	j' **aimerai**
tu **aimes**	tu **aimais**	tu **aimas**	tu **aimeras**
il **aime**	il **aimait**	il **aima**	il **aimera**
nous **aimons**	nous **aimions**	nous **aimâmes**	nous **aimerons**
vous **aimez**	vous **aimiez**	vous **aimâtes**	vous **aimerez**
ils **aiment**	ils **aimaient**	ils **aimèrent**	ils **aimeront**

複合過去	大　過　去	前　過　去	前　未　来
j' ai aimé	j' avais aimé	j' eus aimé	j' aurai aimé
tu as aimé	tu avais aimé	tu eus aimé	tu auras aimé
il a aimé	il avait aimé	il eut aimé	il aura aimé
nous avons aimé	nous avions aimé	nous eûmes aimé	nous aurons aimé
vous avez aimé	vous aviez aimé	vous eûtes aimé	vous aurez aimé
ils ont aimé	ils avaient aimé	ils eurent aimé	ils auront aimé

④ finir

現在分詞 finissant
過去分詞 fini

第2群 規則動詞

現　在	半　過　去	単純過去	単純未来
je **finis**	je **finissais**	je **finis**	je **finirai**
tu **finis**	tu **finissais**	tu **finis**	tu **finiras**
il **finit**	il **finissait**	il **finit**	il **finira**
nous **finissons**	nous **finissions**	nous **finîmes**	nous **finirons**
vous **finissez**	vous **finissiez**	vous **finîtes**	vous **finirez**
ils **finissent**	ils **finissaient**	ils **finirent**	ils **finiront**

複合過去	大　過　去	前　過　去	前　未　来
j' ai fini	j' avais fini	j' eus fini	j' aurai fini
tu as fini	tu avais fini	tu eus fini	tu auras fini
il a fini	il avait fini	il eut fini	il aura fini
nous avons fini	nous avions fini	nous eûmes fini	nous aurons fini
vous avez fini	vous aviez fini	vous eûtes fini	vous aurez fini
ils ont fini	ils avaient fini	ils eurent fini	ils auront fini

不定法 現在分詞 過去分詞	直　説　法			
	現　　在	半　過　去	単純過去	単純未来
⑤ **acheter** achetant acheté	j' achète tu achètes il achète n. achetons v. achetez ils achètent	j' achetais tu achetais il achetait n. achetions v. achetiez ils achetaient	j' achetai tu achetas il acheta n. achetâmes v. achetâtes ils achetèrent	j' achèterai tu achèteras il achètera n. achèterons v. achèterez ils achèteront
⑥ **aller** allant allé	je **vais** tu **vas** il **va** n. allons v. allez ils **vont**	j' allais tu allais il allait n. allions v. alliez ils allaient	j' allai tu allas il alla n. allâmes v. allâtes ils allèrent	j' irai tu iras il ira n. irons v. irez ils iront
⑦ **appeler** appelant appelé	j' appelle tu appelles il appelle n. appelons v. appelez ils appellent	j' appelais tu appelais il appelait n. appelions v. appeliez ils appelaient	j' appelai tu appelas il appela n. appelâmes v. appelâtes ils appelèrent	j' appellerai tu appelleras il appellera n. appellerons v. appellerez ils appelleront
⑧ **asseoir** asseyant (assoyant) assis	j' assieds [asje] tu assieds il assied n. asseyons v. asseyez ils asseyent - - - - - - j' assois tu assois il assoit n. assoyons v. assoyez ils assoient	j' asseyais tu asseyais il asseyait n. asseyions v. asseyiez ils asseyaient - - - - - - j' assoyais tu assoyais il assoyait n. assoyions v. assoyiez ils assoyaient	j' assis tu assis il assit n. assîmes v. assîtes ils assirent	j' assiérai tu assiéras il assiéra n. assiérons v. assiérez ils assiéront - - - - - - j' assoirai tu assoiras il assoira n. assoirons v. assoirez ils assoiront
⑨ **battre** battant battu	je bats tu bats il bat n. battons v. battez ils battent	je battais tu battais il battait n. battions v. battiez ils battaient	je battis tu battis il battit n. battîmes v. battîtes ils battirent	je battrai tu battras il battra n. battrons v. battrez ils battront
⑩ **boire** buvant bu	je bois tu bois il boit n. buvons v. buvez ils boivent	je buvais tu buvais il buvait n. buvions v. buviez ils buvaient	je bus tu bus il but n. bûmes v. bûtes ils burent	je boirai tu boiras il boira n. boirons v. boirez ils boiront
⑪ **conduire** conduisant conduit	je conduis tu conduis il conduit n. conduisons v. conduisez ils conduisent	je conduisais tu conduisais il conduisait n. conduisions v. conduisiez ils conduisaient	je conduisis tu conduisis il conduisit n. conduisîmes v. conduisîtes ils conduisirent	je conduirai tu conduiras il conduira n. conduirons v. conduirez ils conduiront

不定法 現在分詞 過去分詞	直　説　法			
	現　　在	半　過　去	単純過去	単純未来
⑫ **connaître** connaissant connu	je connais tu connais il connaît n. connaissons v. connaissez ils connaissent	je connaissais tu connaissais il connaissait n. connaissions v. connaissiez ils connaissaient	je connus tu connus il connut n. connûmes v. connûtes ils connurent	je connaîtrai tu connaîtras il connaîtra n. connaîtrons v. connaîtrez ils connaîtront
⑬ **courir** courant couru	je cours tu cours il court n. courons v. courez ils courent	je courais tu courais il courait n. courions v. couriez ils couraient	je courus tu courus il courut n. courûmes v. courûtes ils coururent	je courrai tu courras il courra n. courrons v. courrez ils courront
⑭ **craindre** craignant craint	je crains tu crains il craint n. craignons v. craignez ils craignent	je craignais tu craignais il craignait n. craignions v. craigniez ils craignaient	je craignis tu craignis il craignit n. craignîmes v. craignîtes ils craignirent	je craindrai tu craindras il craindra n. craindrons v. craindrez ils craindront
⑮ **croire** croyant cru	je crois tu crois il croit n. croyons v. croyez ils croient	je croyais tu croyais il croyait n. croyions v. croyiez ils croyaient	je crus tu crus il crut n. crûmes v. crûtes ils crurent	je croirai tu croiras il croira n. croirons v. croirez ils croiront
⑯ **devoir** devant dû, due, dus, dues	je dois tu dois il doit n. devons v. devez ils doivent	je devais tu devais il devait n. devions v. deviez ils devaient	je dus tu dus il dut n. dûmes v. dûtes ils durent	je devrai tu devras il devra n. devrons v. devrez ils devront
⑰ **dire** disant dit	je dis tu dis il dit n. disons v. dites ils disent	je disais tu disais il disait n. disions v. disiez ils disaient	je dis tu dis il dit n. dîmes v. dîtes ils dirent	je dirai tu diras il dira n. dirons v. direz ils diront
⑱ **écrire** écrivant écrit	j' écris tu écris il écrit n. écrivons v. écrivez ils écrivent	j' écrivais tu écrivais il écrivait n. écrivions v. écriviez ils écrivaient	j' écrivis tu écrivis il écrivit n. écrivîmes v. écrivîtes ils écrivirent	j' écrirai tu écriras il écrira n. écrirons v. écrirez ils écriront
⑲ **employer** employant employé	j' emploie tu emploies il emploie n. employons v. employez ils emploient	j' employais tu employais il employait n. employions v. employiez ils employaient	j' employai tu employas il employa n. employâmes v. employâtes ils employèrent	j' emploierai tu emploieras il emploiera n. emploierons v. emploierez ils emploieront

不定法 現在分詞 過去分詞	直　　説　　法			
	現　　在	半　過　去	単純過去	単純未来
⑳ **envoyer** envoyant envoyé	j' envoie tu envoies il envoie n. envoyons v. envoyez ils envoient	j' envoyais tu envoyais il envoyait n. envoyions v. envoyiez ils envoyaient	j' envoyai tu envoyas il envoya n. envoyâmes v. envoyâtes ils envoyèrent	j' enverrai tu enverras il enverra n. enverrons v. enverrez ils enverront
㉑ **faire** faisant [fəzɑ̃] fait	je fais [fɛ] tu fais il fait n. faisons [fəzɔ̃] v. fai**tes** [fɛt] ils **font**	je faisais [fəzɛ] tu faisais il faisait n. faisions v. faisiez ils faisaient	je fis tu fis il fit n. fîmes v. fîtes ils firent	je ferai tu feras il fera n. ferons v. ferez ils feront
㉒ **falloir** — fallu	il faut	il fallait	il fallut	il faudra
㉓ **fuir** fuyant fui	je fuis tu fuis il fuit n. fuyons v. fuyez ils fuient	je fuyais tu fuyais il fuyait n. fuyions v. fuyiez ils fuyaient	je fuis tu fuis il fuit n. fuîmes v. fuîtes ils fuirent	je fuirai tu fuiras il fuira n. fuirons v. fuirez ils fuiront
㉔ **lire** lisant lu	je lis tu lis il lit n. lisons v. lisez ils lisent	je lisais tu lisais il lisait n. lisions v. lisiez ils lisaient	je lus tu lus il lut n. lûmes v. lûtes ils lurent	je lirai tu liras il lira n. lirons v. lirez ils liront
㉕ **manger** mangeant mangé	je mange tu manges il mange n. mangeons v. mangez ils mangent	je mangeais tu mangeais il mangeait n. mangions v. mangiez ils mangeaient	je mangeai tu mangeas il mangea n. mangeâmes v. mangeâtes ils mangèrent	je mangerai tu mangeras il mangera n. mangerons v. mangerez ils mangeront
㉖ **mettre** mettant mis	je mets tu mets il met n. mettons v. mettez ils mettent	je mettais tu mettais il mettait n. mettions v. mettiez ils mettaient	je mis tu mis il mit n. mîmes v. mîtes ils mirent	je mettrai tu mettras il mettra n. mettrons v. mettrez ils mettront
㉗ **mourir** mourant mort	je meurs tu meurs il meurt n. mourons v. mourez ils meurent	je mourais tu mourais il mourait n. mourions v. mouriez ils mouraient	je mourus tu mourus il mourut n. mourûmes v. mourûtes ils moururent	je mourrai tu mourras il mourra n. mourrons v. mourrez ils mourront

不定法 現在分詞 過去分詞	直　　説　　法			
	現　　在	半　過　去	単純過去	単純未来
㉘ **naître** naissant né	je nais tu nais il naît n. naissons v. naissez ils naissent	je naissais tu naissais il naissait n. naissions v. naissiez ils naissaient	je na**qu**is tu na**qu**is il na**qu**it n. na**qu**îmes v. na**qu**îtes ils na**qu**irent	je naîtrai tu naîtras il naîtra n. naîtrons v. naîtrez ils naîtront
㉙ **ouvrir** ouvrant ouvert	j' ouvr**e** tu ouvr**es** il ouvr**e** n. ouvrons v. ouvrez ils ouvrent	j' ouvrais tu ouvrais il ouvrait n. ouvrions v. ouvriez ils ouvraient	j' ouvris tu ouvris il ouvrit n. ouvrîmes v. ouvrîtes ils ouvrirent	j' ouvrirai tu ouvriras il ouvrira n. ouvrirons v. ouvrirez ils ouvriront
㉚ **partir** partant parti	je pars tu pars il part n. partons v. partez ils partent	je partais tu partais il partait n. partions v. partiez ils partaient	je partis tu partis il partit n. partîmes v. partîtes ils partirent	je partirai tu partiras il partira n. partirons v. partirez ils partiront
㉛ **payer** payant payé	je paie [pɛ] tu paies il paie n. payons v. payez ils paient ‐‐‐‐‐‐‐‐‐‐ je paye [pɛj] tu payes il paye n. payons v. payez ils payent	je payais tu payais il payait n. payions v. payiez ils payaient	je payai tu payas il paya n. payâmes v. payâtes ils payèrent	je paierai tu paieras il paiera n. paierons v. paierez ils paieront ‐‐‐‐‐‐‐‐‐‐ je payerai tu payeras il payera n. payerons v. payerez ils payeront
㉜ **placer** pla**ç**ant placé	je place tu places il place n. pla**ç**ons v. placez ils placent	je pla**ç**ais tu pla**ç**ais il pla**ç**ait n. placions v. placiez ils pla**ç**aient	je pla**ç**ai tu pla**ç**as il pla**ç**a n. pla**ç**âmes v. pla**ç**âtes ils placèrent	je placerai tu placeras il placera n. placerons v. placerez ils placeront
㉝ **plaire** plaisant plu	je plais tu plais il plaît n. plaisons v. plaisez ils plaisent	je plaisais tu plaisais il plaisait n. plaisions v. plaisiez ils plaisaient	je plus tu plus il plut n. plûmes v. plûtes ils plurent	je plairai tu plairas il plaira n. plairons v. plairez ils plairont
㉞ **pleuvoir** pleuvant plu	il pleut	il pleuvait	il plut	il pleuvra

不定法 現在分詞 過去分詞	直　　説　　法			
	現　　在	半　過　去	単純過去	単純未来
㉟ **pouvoir** pouvant pu	je peux (puis) tu peux il peut n. pouvons v. pouvez ils peuvent	je pouvais tu pouvais il pouvait n. pouvions v. pouviez ils pouvaient	je pus tu pus il put n. pûmes v. pûtes ils purent	je pourrai tu pourras il pourra n. pourrons v. pourrez ils pourront
㊱ **préférer** préférant préféré	je préfère tu préfères il préfère n. préférons v. préférez ils préfèrent	je préférais tu préférais il préférait n. préférions v. préfériez ils préféraient	je préférai tu préféras il préféra n. préférâmes v. préférâtes ils préférèrent	je préférerai tu préféreras il préférera n. préférerons v. préférerez ils préféreront
㊲ **prendre** prenant pris	je prends tu prends il prend n. prenons v. prenez ils prennent	je prenais tu prenais il prenait n. prenions v. preniez ils prenaient	je pris tu pris il prit n. prîmes v. prîtes ils prirent	je prendrai tu prendras il prendra n. prendrons v. prendrez ils prendront
㊳ **recevoir** recevant reçu	je reçois tu reçois il reçoit n. recevons v. recevez ils reçoivent	je recevais tu recevais il recevait n. recevions v. receviez ils recevaient	je reçus tu reçus il reçut n. reçûmes v. reçûtes ils reçurent	je recevrai tu recevras il recevra n. recevrons v. recevrez ils recevront
㊴ **rendre** rendant rendu	je rends tu rends il rend n. rendons v. rendez ils rendent	je rendais tu rendais il rendait n. rendions v. rendiez ils rendaient	je rendis tu rendis il rendit n. rendîmes v. rendîtes ils rendirent	je rendrai tu rendras il rendra n. rendrons v. rendrez ils rendront
㊵ **résoudre** résolvant résolu	je résous tu résous il résout n. résolvons v. résolvez ils résolvent	je résolvais tu résolvais il résolvait n. résolvions v. résolviez ils résolvaient	je résolus tu résolus il résolut n. résolûmes v. résolûtes ils résolurent	je résoudrai tu résoudras il résoudra n. résoudrons v. résoudrez ils résoudront
㊶ **rire** riant ri	je ris tu ris il rit n. rions v. riez ils rient	je riais tu riais il riait n. riions v. riiez ils riaient	je ris tu ris il rit n. rîmes v. rîtes ils rirent	je rirai tu riras il rira n. rirons v. rirez ils riront
㊷ **savoir** sachant su	je sais tu sais il sait n. savons v. savez ils savent	je savais tu savais il savait n. savions v. saviez ils savaient	je sus tu sus il sut n. sûmes v. sûtes ils surent	je saurai tu sauras il saura n. saurons v. saurez ils sauront

不 定 法 現在分詞 過去分詞	直　　説　　法			
	現　　在	半 過 去	単純過去	単純未来
㊸ **suffire** suffisant suffi	je suffis tu suffis il suffit n. suffisons v. suffisez ils suffisent	je suffisais tu suffisais il suffisait n. suffisions v. suffisiez ils suffisaient	je suffis tu suffis il suffit n. suffîmes v. suffîtes ils suffirent	je suffirai tu suffiras il suffira n. suffirons v. suffirez ils suffiront
㊹ **suivre** suivant suivi	je suis tu suis il suit n. suivons v. suivez ils suivent	je suivais tu suivais il suivait n. suivions v. suiviez ils suivaient	je suivis tu suivis il suivit n. suivîmes v. suivîtes ils suivirent	je suivrai tu suivras il suivra n. suivrons v. suivrez ils suivront
㊺ **vaincre** vainquant vaincu	je vaincs tu vaincs il vainc n. vainquons v. vainquez ils vainquent	je vainquais tu vainquais il vainquait n. vainquions v. vainquiez ils vainquaient	je vainquis tu vainquis il vainquit n. vainquîmes v. vainquîtes ils vainquirent	je vaincrai tu vaincras il vaincra n. vaincrons v. vaincrez ils vaincront
㊻ **valoir** valant valu	je vaux tu vaux il vaut n. valons v. valez ils valent	je valais tu valais il valait n. valions v. valiez ils valaient	je valus tu valus il valut n. valûmes v. valûtes ils valurent	je vaudrai tu vaudras il vaudra n. vaudrons v. vaudrez ils vaudront
㊼ **venir** venant venu	je viens tu viens il vient n. venons v. venez ils viennent	je venais tu venais il venait n. venions v. veniez ils venaient	je vins tu vins il vint n. vînmes v. vîntes ils vinrent	je viendrai tu viendras il viendra n. viendrons v. viendrez ils viendront
㊽ **vivre** vivant vécu	je vis tu vis il vit n. vivons v. vivez ils vivent	je vivais tu vivais il vivait n. vivions v. viviez ils vivaient	je vécus tu vécus il vécut n. vécûmes v. vécûtes ils vécurent	je vivrai tu vivras il vivra n. vivrons v. vivrez ils vivront
㊾ **voir** voyant vu	je vois tu vois il voit n. voyons v. voyez ils voient	je voyais tu voyais il voyait n. voyions v. voyiez ils voyaient	je vis tu vis il vit n. vîmes v. vîtes ils virent	je verrai tu verras il verra n. verrons v. verrez ils verront
㊿ **vouloir** voulant voulu	je veux tu veux il veut n. voulons v. voulez ils veulent	je voulais tu voulais il voulait n. voulions v. vouliez ils voulaient	je voulus tu voulus il voulut n. voulûmes v. voulûtes ils voulurent	je voudrai tu voudras il voudra n. voudrons v. voudrez ils voudront

- 数詞（基数）

1 un, une	2 deux	3 trois	4 quatre	5 cinq
6 six	7 sept	8 huit	9 neuf	10 dix
11 onze	12 douze	13 treize	14 quatorze	15 quinze
16 seize	17 dix-sept	18 dix-huit	19 dix-neuf	
20 vingt	21 vingt et un	22 vingt-deux	23 vingt-trois ...	29 vingt-neuf
30 trente	31 trente et un	32 trente-deux ...		39 trente-neuf
40 quarante	41 quarante et un	42 quarante-deux ...		49 quarante-neuf
50 cinquante	51 cinquante et un	52 cinquante-deux ...		59 cinquante-neuf
60 soixante	61 soixante et un	62 soixante-deux ...		69 soixante-neuf

(70) soixante-dix	(71) soixante et onze	(72) soixante-douze ...	(79) soixante-dix-neuf
(80) quatre-vingts	(81) quatre-vingt-un	(82) quatre-vingt-deux ...	(89) quatre-vingt-neuf
(90) quatre-vingt-dix	(91) quatre-vingt-onze	(92) quatre-vingt-douze ...	(99) quatre-vingt-dix-neuf

100 cent   100 deux cent   201 deux cent un ...   999 neuf cent quatre-vingt-dix-neuf

1 000 mille   2 000 deux mille ...   10 000 dix mille

- 数詞（序数）〈基数＋ -ième〉（語尾が -e の場合は、-e を省いて＋ -ième）

$1^{er / ère}$ premier (première) 2e deuxième / second (e)

3e troisième 4e quatrième 9e neuvième 10e dixième

20e vingtième 21e vingt et unième ...

- 曜日

月 lundi   火 mardi   水 mercredi   木 jeudi   金 vendredi   土 samedi   日 dimanche

- 月

1月 janvirer	2月 février	3月 mars	4月 avril
5月 mai	6月 juin	7月 juillet	8月 août
9月 septembre	10月 octobre	11月 novembre	12月 décembre

- 季節

春 le printemps   夏 l'été   秋 l'automne   冬 l'hiver

著者紹介
大湾宗定（おおわん・むねさだ）
琉球大学他非常勤講師

阪口勝弘（さかぐち・かつひろ）
京都府立大学、関西学院大学他非常勤講師

ア・トン・トゥール

2023 年 2 月 1 日　印刷
2023 年 2 月 10 日　発行

著　者 ©　　大　湾　宗　定
　　　　　　阪　口　勝　弘

発行者　　及　川　直　志

印刷所　　株 式 会 社　三 秀 舎

101-0052 東京都千代田区神田小川町 3 の 24
電話 03-3291-7811（営業部），7821（編集部）　　　株式会社　白水社
www.hakusuisha.co.jp
乱丁・落丁本は送料小社負担にてお取り替えいたします。

振替 00190-5-33228　　Printed in Japan　　誠製本株式会社

ISBN 978-4-560-06150-3

動 詞 活 用 表

1	avoir	18	écrire	35	pouvoir
2	être	19	employer	36	préférer
3	aimer	20	envoyer	37	prendre
4	finir	21	faire	38	recevoir
5	acheter	22	falloir	39	rendre
6	aller	23	fuir	40	résoudre
7	appeler	24	lire	41	rire
8	asseoir	25	manger	42	savoir
9	battre	26	mettre	43	suffire
10	boire	27	mourir	44	suivre
11	conduire	28	naître	45	vaincre
12	connaître	29	ouvrir	46	valoir
13	courir	30	partir	47	venir
14	craindre	31	payer	48	vivre
15	croire	32	placer	49	voir
16	devoir	33	plaire	50	vouloir
17	dire	34	pleuvoir		

不定法	直　説　法			

① avoir

現在分詞
ayant

過去分詞
eu [y]

現　在	半　過　去	単純過去	単純未来
j' **ai** [e]	j' avais	j' **eus** [y]	j' aurai
tu **as**	tu avais	tu eus	tu auras
il **a**	il avait	il eut	il aura
nous **avons**	nous avions	nous eûmes	nous aurons
vous **avez**	vous aviez	vous eûtes	vous aurez
ils **ont**	ils avaient	ils eurent	ils auront

複合過去	大　過　去	前　過　去	前　未　来
j' ai eu	j' avais eu	j' eus eu	j' aurai eu
tu as eu	tu avais eu	tu eus eu	tu auras eu
il a eu	il avait eu	il eut eu	il aura eu
nous avons eu	nous avions eu	nous eûmes eu	nous aurons eu
vous avez eu	vous aviez eu	vous eûtes eu	vous aurez eu
ils ont eu	ils avaient eu	ils eurent eu	ils auront eu

② être

現在分詞
étant

過去分詞
été

現　在	半　過　去	単純過去	単純未来
je **suis**	j' étais	je fus	je serai
tu **es**	tu étais	tu fus	tu seras
il **est**	il était	il fut	il sera
nous **sommes**	nous étions	nous fûmes	nous serons
vous **êtes**	vous étiez	vous fûtes	vous serez
ils **sont**	ils étaient	ils furent	ils seront

複合過去	大　過　去	前　過　去	前　未　来
j' ai été	j' avais été	j' eus été	j' aurai été
tu as été	tu avais été	tu eus été	tu auras été
il a été	il avait été	il eut été	il aura été
nous avons été	nous avions été	nous eûmes été	nous aurons été
vous avez été	vous aviez été	vous eûtes été	vous aurez été
ils ont été	ils avaient été	ils eurent été	ils auront été

③ aimer

現在分詞
aimant

過去分詞
aimé

現　在	半　過　去	単純過去	単純未来
j' aime	j' aimais	j' aimai	j' aimerai
tu aimes	tu aimais	tu aimas	tu aimeras
il aime	il aimait	il aima	il aimera
nous aimons	nous aimions	nous aimâmes	nous aimerons
vous aimez	vous aimiez	vous aimâtes	vous aimerez
ils aiment	ils aimaient	ils aimèrent	ils aimeront

第 1 群
規則動詞

複合過去	大　過　去	前　過　去	前　未　来
j' ai aimé	j' avais aimé	j' eus aimé	j' aurai aimé
tu as aimé	tu avais aimé	tu eus aimé	tu auras aimé
il a aimé	il avait aimé	il eut aimé	il aura aimé
nous avons aimé	nous avions aimé	nous eûmes aimé	nous aurons aimé
vous avez aimé	vous aviez aimé	vous eûtes aimé	vous aurez aimé
ils ont aimé	ils avaient aimé	ils eurent aimé	ils auront aimé

④ finir

現在分詞
finissant

過去分詞
fini

現　在	半　過　去	単純過去	単純未来
je finis	je finissais	je finis	je finirai
tu finis	tu finissais	tu finis	tu finiras
il finit	il finissait	il finit	il finira
nous finissons	nous finissions	nous finîmes	nous finirons
vous finissez	vous finissiez	vous finîtes	vous finirez
ils finissent	ils finissaient	ils finirent	ils finiront

第 2 群
規則動詞

複合過去	大　過　去	前　過　去	前　未　来
j' ai fini	j' avais fini	j' eus fini	j' aurai fini
tu as fini	tu avais fini	tu eus fini	tu auras fini
il a fini	il avait fini	il eut fini	il aura fini
nous avons fini	nous avions fini	nous eûmes fini	nous aurons fini
vous avez fini	vous aviez fini	vous eûtes fini	vous aurez fini
ils ont fini	ils avaient fini	ils eurent fini	ils auront fini

条件法	接続法		命令法
現　在	**現　在**	**半　過　去**	
j' aurais	j' aie [ɛ]	j' eusse	
tu aurais	tu aies	tu eusses	aie
il aurait	il ait	il eût	
nous aurions	nous ayons	nous eussions	ayons
vous auriez	vous ayez	vous eussiez	ayez
ils auraient	ils aient	ils eussent	
過　去	**過　去**	**大　過　去**	
j' aurais eu	j' aie eu	j' eusse eu	
tu aurais eu	tu aies eu	tu eusses eu	
il aurait eu	il ait eu	il eût eu	
nous aurions eu	nous ayons eu	nous eussions eu	
vous auriez eu	vous ayez eu	vous eussiez eu	
ils auraient eu	ils aient eu	ils eussent eu	
現　在	**現　在**	**半　過　去**	
je serais	je sois	je fusse	
tu serais	tu sois	tu fusses	sois
il serait	il soit	il fût	
nous serions	nous soyons	nous fussions	soyons
vous seriez	vous soyez	vous fussiez	soyez
ils seraient	ils soient	ils fussent	
過　去	**過　去**	**大　過　去**	
j' aurais été	j' aie été	j' eusse été	
tu aurais été	tu aies été	tu eusses été	
il aurait été	il ait été	il eût été	
nous aurions été	nous ayons été	nous eussions été	
vous auriez été	vous ayez été	vous eussiez été	
ils auraient été	ils aient été	ils eussent été	
現　在	**現　在**	**半　過　去**	
j' aimerais	j' aime	j' aimasse	
tu aimerais	tu aimes	tu aimasses	aime
il aimerait	il aime	il aimât	
nous aimerions	nous aimions	nous aimassions	aimons
vous aimeriez	vous aimiez	vous aimassiez	aimez
ils aimeraient	ils aiment	ils aimassent	
過　去	**過　去**	**大　過　去**	
j' aurais aimé	j' aie aimé	j' eusse aimé	
tu aurais aimé	tu aies aimé	tu eusses aimé	
il aurait aimé	il ait aimé	il eût aimé	
nous aurions aimé	nous ayons aimé	nous eussions aimé	
vous auriez aimé	vous ayez aimé	vous eussiez aimé	
ils auraient aimé	ils aient aimé	ils eussent aimé	
現　在	**現　在**	**半　過　去**	
je finirais	je finisse	je finisse	
tu finirais	tu finisses	tu finisses	finis
il finirait	il finisse	il finît	
nous finirions	nous finissions	nous finissions	finissons
vous finiriez	vous finissiez	vous finissiez	finissez
ils finiraient	ils finissent	ils finissent	
過　去	**過　去**	**大　過　去**	
j' aurais fini	j' aie fini	j' eusse fini	
tu aurais fini	tu aies fini	tu eusses fini	
il aurait fini	il ait fini	il eût fini	
nous aurions fini	nous ayons fini	nous eussions fini	
vous auriez fini	vous ayez fini	vous eussiez fini	
ils auraient fini	ils aient fini	ils eussent fini	

不定法 現在分詞 過去分詞	直　　説　　法			
	現　　在	半　過　去	単純過去	単純未来
⑤ **acheter** achetant acheté	j' achète tu achètes il achète n. achetons v. achetez ils achètent	j' achetais tu achetais il achetait n. achetions v. achetiez ils achetaient	j' achetai tu achetas il acheta n. achetâmes v. achetâtes ils achetèrent	j' achèterai tu achèteras il achètera n. achèterons v. achèterez ils achèteront
⑥ **aller** allant allé	je **vais** tu **vas** il **va** n. allons v. allez ils **vont**	j' allais tu allais il allait n. allions v. alliez ils allaient	j' allai tu allas il alla n. allâmes v. allâtes ils allèrent	j' irai tu iras il ira n. irons v. irez ils iront
⑦ **appeler** appelant appelé	j' appelle tu appelles il appelle n. appelons v. appelez ils appellent	j' appelais tu appelais il appelait n. appelions v. appeliez ils appelaient	j' appelai tu appelas il appela n. appelâmes v. appelâtes ils appelèrent	j' appellerai tu appelleras il appellera n. appellerons v. appellerez ils appelleront
⑧ **asseoir** asseyant (assoyant) assis	j' assieds [asje] tu assieds il assied n. asseyons v. asseyez ils asseyent j' assois tu assois il assoit n. assoyons v. assoyez ils assoient	j' asseyais tu asseyais il asseyait n. asseyions v. asseyiez ils asseyaient j' assoyais tu assoyais il assoyait n. assoyions v. assoyiez ils assoyaient	j' assis tu assis il assit n. assîmes v. assîtes ils assirent	j' assiérai tu assiéras il assiéra n. assiérons v. assiérez ils assiéront j' assoirai tu assoiras il assoira n. assoirons v. assoirez ils assoiront
⑨ **battre** battant battu	je bats tu bats il bat n. battons v. battez ils battent	je battais tu battais il battait n. battions v. battiez ils battaient	je battis tu battis il battit n. battîmes v. battîtes ils battirent	je battrai tu battras il battra n. battrons v. battrez ils battront
⑩ **boire** buvant bu	je bois tu bois il boit n. buvons v. buvez ils boivent	je buvais tu buvais il buvait n. buvions v. buviez ils buvaient	je bus tu bus il but n. bûmes v. bûtes ils burent	je boirai tu boiras il boira n. boirons v. boirez ils boiront
⑪ **conduire** conduisant conduit	je conduis tu conduis il conduit n. conduisons v. conduisez ils conduisent	je conduisais tu conduisais il conduisait n. conduisions v. conduisiez ils conduisaient	je conduisis tu conduisis il conduisit n. conduisîmes v. conduisîtes ils conduisirent	je conduirai tu conduiras il conduira n. conduirons v. conduirez ils conduiront

条件法	接続法		命令法	同型
現在	現在	半過去		
j' achèterais tu achèterais il achèterait n. achèterions v. achèteriez ils achèteraient	j' achète tu achètes il achète n. achetions v. achetiez ils achètent	j' achetasse tu achetasses il achetât n. achetassions v. achetassiez ils achetassent	achète achetons achetez	achever lever mener promener soulever
j' irais tu irais il irait n. irions v. iriez ils iraient	j' **aille** tu **ailles** il **aille** n. allions v. alliez ils **aillent**	j' allasse tu allasses il allât n. allassions v. allassiez ils allassent	**va** allons allez	
j' appellerais tu appellerais il appellerait n. appellerions v. appelleriez ils appelleraient	j' appelle tu appelles il appelle n. appelions v. appeliez ils appellent	j' appelasse tu appelasses il appelât n. appelassions v. appelassiez ils appelassent	appelle appelons appelez	jeter rappeler
j' assiérais tu assiérais il assiérait n. assiérions v. assiériez ils assiéraient	j' asseye [asεj] tu asseyes il asseye n. asseyions v. asseyiez ils asseyent	j' assisse tu assisses il assît n. assissions v. assissiez ils assissent	assieds asseyons asseyez	迂 主として代名詞 s'asseoir で使われる.
j' assoirais tu assoirais il assoirait n. assoirions v. assoiriez ils assoiraient	j' assoie tu assoies il assoie n. assoyions v. assoyiez ils assoient		assois assoyons assoyez	
je battrais tu battrais il battrait n. battrions v. battriez ils battraient	je batte tu battes il batte n. battions v. battiez ils battent	je battisse tu battisses il battît n. battissions v. battissiez ils battissent	bats battons battez	abattre combattre
je boirais tu boirais il boirait n. boirions v. boiriez ils boiraient	je boive tu boives il boive n. buvions v. buviez ils boivent	je busse tu busses il bût n. bussions v. bussiez ils bussent	bois buvons buvez	
je conduirais tu conduirais il conduirait n. conduirions v. conduiriez ils conduiraient	je conduise tu conduises il conduise n. conduisions v. conduisiez ils conduisent	je conduisisse tu conduisisses il conduisît n. conduisissions v. conduisissiez ils conduisissent	conduis conduisons conduisez	construire détruire instruire introduire produire traduire

不定法 現在分詞 過去分詞	直 説 法			
	現 在	半 過 去	単純過去	単純未来
⑫ **connaître** connaissant connu	je connais tu connais il connaît n. connaissons v. connaissez ils connaissent	je connaissais tu connaissais il connaissait n. connaissions v. connaissiez ils connaissaient	je connus tu connus il connut n. connûmes v. connûtes ils connurent	je connaîtrai tu connaîtras il connaîtra n. connaîtrons v. connaîtrez ils connaîtront
⑬ **courir** courant couru	je cours tu cours il court n. courons v. courez ils courent	je courais tu courais il courait n. courions v. couriez ils couraient	je courus tu courus il courut n. courûmes v. courûtes ils coururent	je courrai tu courras il courra n. courrons v. courrez ils courront
⑭ **craindre** craignant craint	je crains tu crains il craint n. craignons v. craignez ils craignent	je craignais tu craignais il craignait n. craignions v. craigniez ils craignaient	je craignis tu craignis il craignit n. craignîmes v. craignîtes ils craignirent	je craindrai tu craindras il craindra n. craindrons v. craindrez ils craindront
⑮ **croire** croyant cru	je crois tu crois il croit n. croyons v. croyez ils croient	je croyais tu croyais il croyait n. croyions v. croyiez ils croyaient	je crus tu crus il crut n. crûmes v. crûtes ils crurent	je croirai tu croiras il croira n. croirons v. croirez ils croiront
⑯ **devoir** devant dû, due, dus, dues	je dois tu dois il doit n. devons v. devez ils doivent	je devais tu devais il devait n. devions v. deviez ils devaient	je dus tu dus il dut n. dûmes v. dûtes ils durent	je devrai tu devras il devra n. devrons v. devrez ils devront
⑰ **dire** disant dit	je dis tu dis il dit n. disons v. **dites** ils disent	je disais tu disais il disait n. disions v. disiez ils disaient	je dis tu dis il dit n. dîmes v. dîtes ils dirent	je dirai tu diras il dira n. dirons v. direz ils diront
⑱ **écrire** écrivant écrit	j' écris tu écris il écrit n. écrivons v. écrivez ils écrivent	j' écrivais tu écrivais il écrivait n. écrivions v. écriviez ils écrivaient	j' écrivis tu écrivis il écrivit n. écrivîmes v. écrivîtes ils écrivirent	j' écrirai tu écriras il écrira n. écrirons v. écrirez ils écriront
⑲ **employer** employant employé	j' emploie tu emploies il emploie n. employons v. employez ils emploient	j' employais tu employais il employait n. employions v. employiez ils employaient	j' employai tu employas il employa n. employâmes v. employâtes ils employèrent	j' emploierai tu emploieras il emploiera n. emploierons v. emploierez ils emploieront

条 件 法	接 続 法		命 令 法	同 型
現　在	現　在	半 過 去		
je connaîtrais tu connaîtrais il connaîtrait n. connaîtrions v. connaîtriez ils connaîtraient	je connaisse tu connaisses il connaisse n. connaissions v. connaissiez ils connaissent	je connusse tu connusses il connût n. connussions v. connussiez ils connussent	connais connaissons connaissez	apparaître disparaître paraître reconnaître
je courrais tu courrais il courrait n. courrions v. courriez ils courraient	je coure tu coures il coure n. courions v. couriez ils courent	je courusse tu courusses il courût n. courussions v. courussiez ils courussent	cours courons courez	accourir parcourir
je craindrais tu craindrais il craindrait n. craindrions v. craindriez ils craindraient	je craigne tu craignes il craigne n. craignions v. craigniez ils craignent	je craignisse tu craignisses il craignît n. craignissions v. craignissiez ils craignissent	crains craignons craignez	atteindre éteindre joindre peindre plaindre
je croirais tu croirais il croirait n. croirions v. croiriez ils croiraient	je croie tu croies il croie n. croyions v. croyiez ils croient	je crusse tu crusses il crût n. crussions v. crussiez ils crussent	crois croyons croyez	
je devrais tu devrais il devrait n. devrions v. devriez ils devraient	je doive tu doives il doive n. devions v. deviez ils doivent	je dusse tu dusses il dût n. dussions v. dussiez ils dussent		
je dirais tu dirais il dirait n. dirions v. diriez ils diraient	je dise tu dises il dise n. disions v. disiez ils disent	je disse tu disses il dît n. dissions v. dissiez ils dissent	dis disons dites	
j' écrirais tu écrirais il écrirait n. écririons v. écririez ils écriraient	j' écrive tu écrives il écrive n. écrivions v. écriviez ils écrivent	j' écrivisse tu écrivisses il écrivît n. écrivissions v. écrivissiez ils écrivissent	écris écrivons écrivez	décrire inscrire
j' emploierais tu emploierais il emploierait n. emploierions v. emploieriez ils emploieraient	j' emploie tu emploies il emploie n. employions v. employiez ils emploient	j' employasse tu employasses il employât n. employassions v. employassiez ils employassent	emploie employons employez	aboyer nettoyer noyer tutoyer

不定法 現在分詞 過去分詞	直　　説　　法			
	現　　在	半　過　去	単純過去	単純未来
⑳ **envoyer** envoyant envoyé	j' envoie tu envoies il envoie n. envoyons v. envoyez ils envoient	j' envoyais tu envoyais il envoyait n. envoyions v. envoyiez ils envoyaient	j' envoyai tu envoyas il envoya n. envoyâmes v. envoyâtes ils envoyèrent	j' enverrai tu enverras il enverra n. enverrons v. enverrez ils enverront
㉑ **faire** faisant [fəzɑ̃] fait	je fais [fɛ] tu fais il fait n. faisons [fəzɔ̃] v. faites [fɛt] ils font	je faisais [fəzɛ] tu faisais il faisait n. faisions v. faisiez ils faisaient	je fis tu fis il fit n. fîmes v. fîtes ils firent	je ferai tu feras il fera n. ferons v. ferez ils feront
㉒ **falloir** — fallu	il faut	il fallait	il fallut	il faudra
㉓ **fuir** fuyant fui	je fuis tu fuis il fuit n. fuyons v. fuyez ils fuient	je fuyais tu fuyais il fuyait n. fuyions v. fuyiez ils fuyaient	je fuis tu fuis il fuit n. fuîmes v. fuîtes ils fuirent	je fuirai tu fuiras il fuira n. fuirons v. fuirez ils fuiront
㉔ **lire** lisant lu	je lis tu lis il lit n. lisons v. lisez ils lisent	je lisais tu lisais il lisait n. lisions v. lisiez ils lisaient	je lus tu lus il lut n. lûmes v. lûtes ils lurent	je lirai tu liras il lira n. lirons v. lirez ils liront
㉕ **manger** mangeant mangé	je mange tu manges il mange n. mangeons v. mangez ils mangent	je mangeais tu mangeais il mangeait n. mangions v. mangiez ils mangeaient	je mangeai tu mangeas il mangea n. mangeâmes v. mangeâtes ils mangèrent	je mangerai tu mangeras il mangera n. mangerons v. mangerez ils mangeront
㉖ **mettre** mettant mis	je mets tu mets il met n. mettons v. mettez ils mettent	je mettais tu mettais il mettait n. mettions v. mettiez ils mettaient	je mis tu mis il mit n. mîmes v. mîtes ils mirent	je mettrai tu mettras il mettra n. mettrons v. mettrez ils mettront
㉗ **mourir** mourant mort	je meurs tu meurs il meurt n. mourons v. mourez ils meurent	je mourais tu mourais il mourait n. mourions v. mouriez ils mouraient	je mourus tu mourus il mourut n. mourûmes v. mourûtes ils moururent	je mourrai tu mourras il mourra n. mourrons v. mourrez ils mourront

条 件 法	接 続 法		命 令 法	同 型
現 在	現 在	半 過 去		
j' enverrais tu enverrais il enverrait n. enverrions v. enverriez ils enverraient	j' envoie tu envoies il envoie n. envoyions v. envoyiez ils envoient	j' envoyasse tu envoyasses il envoyât n. envoyassions v. envoyassiez ils envoyassent	envoie envoyons envoyez	renvoyer
je ferais tu ferais il ferait n. ferions v. feriez ils feraient	je fasse tu fasses il fasse n. fassions v. fassiez ils fassent	je fisse tu fisses il fît n. fissions v. fissiez ils fissent	fais faisons faites	défaire refaire satisfaire
il faudrait	il faille	il fallût		
je fuirais tu fuirais il fuirait n. fuirions v. fuiriez ils fuiraient	je fuie tu fuies il fuie n. fuyions v. fuyiez ils fuient	je fuisse tu fuisses il fuît n. fuissions v. fuissiez ils fuissent	fuis fuyons fuyez	s'enfuir
je lirais tu lirais il lirait n. lirions v. liriez ils liraient	je lise tu lises il lise n. lisions v. lisiez ils lisent	je lusse tu lusses il lût n. lussions v. lussiez ils lussent	lis lisons lisez	élire relire
je mangerais tu mangerais il mangerait n. mangerions v. mangeriez ils mangeraient	je mange tu manges il mange n. mangions v. mangiez ils mangent	je mangeasse tu mangeasses il mangeât n. mangeassions v. mangeassiez ils mangeassent	mange mangeons mangez	changer déranger nager obliger partager voyager
je mettrais tu mettrais il mettrait n. mettrions v. mettriez ils mettraient	je mette tu mettes il mette n. mettions v. mettiez ils mettent	je misse tu misses il mît n. missions v. missiez ils missent	mets mettons mettez	admettre commettre permettre promettre remettre
je mourrais tu mourrais il mourrait n. mourrions v. mourriez ils mourraient	je meure tu meures il meure n. mourions v. mouriez ils meurent	je mourusse tu mourusses il mourût n. mourussions v. mourussiez ils mourussent	meurs mourons mourez	

不定法 現在分詞 過去分詞	直　　説　　法			
	現　　在	半　過　去	単純過去	単純未来
㉘ **naître** naissant né	je nais tu nais il naît n. naissons v. naissez ils naissent	je naissais tu naissais il naissait n. naissions v. naissiez ils naissaient	je naquis tu naquis il naquit n. naquîmes v. naquîtes ils naquirent	je naîtrai tu naîtras il naîtra n. naîtrons v. naîtrez ils naîtront
㉙ **ouvrir** ouvrant ouvert	j' ouvre tu ouvres il ouvre n. ouvrons v. ouvrez ils ouvrent	j' ouvrais tu ouvrais il ouvrait n. ouvrions v. ouvriez ils ouvraient	j' ouvris tu ouvris il ouvrit n. ouvrîmes v. ouvrîtes ils ouvrirent	j' ouvrirai tu ouvriras il ouvrira n. ouvrirons v. ouvrirez ils ouvriront
㉚ **partir** partant parti	je pars tu pars il part n. partons v. partez ils partent	je partais tu partais il partait n. partions v. partiez ils partaient	je partis tu partis il partit n. partîmes v. partîtes ils partirent	je partirai tu partiras il partira n. partirons v. partirez ils partiront
㉛ **payer** payant payé	je paie [pɛ] tu paies il paie n. payons v. payez ils paient ---------- je paye [pɛj] tu payes il paye n. payons v. payez ils payent	je payais tu payais il payait n. payions v. payiez ils payaient	je payai tu payas il paya n. payâmes v. payâtes ils payèrent	je paierai tu paieras il paiera n. paierons v. paierez ils paieront ---------- je payerai tu payeras il payera n. payerons v. payerez ils payeront
㉜ **placer** plaçant placé	je place tu places il place n. plaçons v. placez ils placent	je plaçais tu plaçais il plaçait n. placions v. placiez ils plaçaient	je plaçai tu plaças il plaça n. plaçâmes v. plaçâtes ils placèrent	je placerai tu placeras il placera n. placerons v. placerez ils placeront
㉝ **plaire** plaisant plu	je plais tu plais il plaît n. plaisons v. plaisez ils plaisent	je plaisais tu plaisais il plaisait n. plaisions v. plaisiez ils plaisaient	je plus tu plus il plut n. plûmes v. plûtes ils plurent	je plairai tu plairas il plaira n. plairons v. plairez ils plairont
㉞ **pleuvoir** pleuvant plu	il pleut	il pleuvait	il plut	il pleuvra

条件法	接続法		命令法	同型
現在	現在	半過去		
je naîtrais tu naîtrais il naîtrait n. naîtrions v. naîtriez ils naîtraient	je naisse tu naisses il naisse n. naissions v. naissiez ils naissent	je naquisse tu naquisses il naquît n. naquissions v. naquissiez ils naquissent	nais naissons naissez	
j' ouvrirais tu ouvrirais il ouvrirait n. ouvririons v. ouvririez ils ouvriraient	j' ouvre tu ouvres il ouvre n. ouvrions v. ouvriez ils ouvrent	j' ouvrisse tu ouvrisses il ouvrît n. ouvrissions v. ouvrissiez ils ouvrissent	ouvre ouvrons ouvrez	couvrir découvrir offrir souffrir
je partirais tu partirais il partirait n. partirions v. partiriez ils partiraient	je parte tu partes il parte n. partions v. partiez ils partent	je partisse tu partisses il partît n. partissions v. partissiez ils partissent	pars partons partez	dormir ressortir sentir servir sortir
je paierais tu paierais il paierait n. paierions v. paieriez ils paieraient	je paie tu paies il paie n. payions v. payiez ils paient	je payasse tu payasses il payât n. payassions v. payassiez ils payassent	paie payons payez	effrayer essayer
je payerais tu payerais il payerait n. payerions v. payeriez ils payeraient	je paye tu payes il paye n. payions v. payiez ils payent		paye payons payez	
je placerais tu placerais il placerait n. placerions v. placeriez ils placeraient	je place tu places il place n. placions v. placiez ils placent	je plaçasse tu plaçasses il plaçât n. plaçassions v. plaçassiez ils plaçassent	place plaçons placez	annoncer avancer commencer forcer lancer prononcer
je plairais tu plairais il plairait n. plairions v. plairiez ils plairaient	je plaise tu plaises il plaise n. plaisions v. plaisiez ils plaisent	je plusse tu plusses il plût n. plussions v. plussiez ils plussent	plais plaisons plaisez	complaire déplaire (se) taire 注 過去分詞 plu は不変
il pleuvrait	il pleuve	il plût		

不定法 現在分詞 過去分詞	直　　説　　法			
	現　　在	半　過　去	単純過去	単純未来
㉟ **pouvoir** pouvant pu	je peux (puis) tu peux il peut n. pouvons v. pouvez ils peuvent	je pouvais tu pouvais il pouvait n. pouvions v. pouviez ils pouvaient	je pus tu pus il put n. pûmes v. pûtes ils purent	je pourrai tu pourras il pourra n. pourrons v. pourrez ils pourront
㊱ **préférer** préférant préféré	je préfère tu préfères il préfère n. préférons v. préférez ils préfèrent	je préférais tu préférais il préférait n. préférions v. préfériez ils préféraient	je préférai tu préféras il préféra n. préférâmes v. préférâtes ils préférèrent	je préférerai tu préféreras il préférera n. préférerons v. préférerez ils préféreront
㊲ **prendre** prenant pris	je prends tu prends il prend n. prenons v. prenez ils prennent	je prenais tu prenais il prenait n. prenions v. preniez ils prenaient	je pris tu pris il prit n. prîmes v. prîtes ils prirent	je prendrai tu prendras il prendra n. prendrons v. prendrez ils prendront
㊳ **recevoir** recevant reçu	je reçois tu reçois il reçoit n. recevons v. recevez ils reçoivent	je recevais tu recevais il recevait n. recevions v. receviez ils recevaient	je reçus tu reçus il reçut n. reçûmes v. reçûtes ils reçurent	je recevrai tu recevras il recevra n. recevrons v. recevrez ils recevront
㊴ **rendre** rendant rendu	je rends tu rends il rend n. rendons v. rendez ils rendent	je rendais tu rendais il rendait n. rendions v. rendiez ils rendaient	je rendis tu rendis il rendit n. rendîmes v. rendîtes ils rendirent	je rendrai tu rendras il rendra n. rendrons v. rendrez ils rendront
㊵ **résoudre** résolvant résolu	je résous tu résous il résout n. résolvons v. résolvez ils résolvent	je résolvais tu résolvais il résolvait n. résolvions v. résolviez ils résolvaient	je résolus tu résolus il résolut n. résolûmes v. résolûtes ils résolurent	je résoudrai tu résoudras il résoudra n. résoudrons v. résoudrez ils résoudront
㊶ **rire** riant ri	je ris tu ris il rit n. rions v. riez ils rient	je riais tu riais il riait n. riions v. riiez ils riaient	je ris tu ris il rit n. rîmes v. rîtes ils rirent	je rirai tu riras il rira n. rirons v. rirez ils riront
㊷ **savoir** sachant su	je sais tu sais il sait n. savons v. savez ils savent	je savais tu savais il savait n. savions v. saviez ils savaient	je sus tu sus il sut n. sûmes v. sûtes ils surent	je saurai tu sauras il saura n. saurons v. saurez ils sauront

条 件 法	接 続 法		命 令 法	同 型
現 在	現 在	半 過 去		
je pourrais tu pourrais il pourrait n. pourrions v. pourriez ils pourraient	je puisse tu puisses il puisse n. puissions v. puissiez ils puissent	je pusse tu pusses il pût n. pussions v. pussiez ils pussent		
je préférerais tu préférerais il préférerait n. préférerions v. préféreriez ils préféreraient	je préfère tu préfères il préfère n. préférions v. préfériez ils préfèrent	je préférasse tu préférasses il préférât n. préférassions v. préférassiez ils préférassent	préfère préférons préférez	céder considérer espérer pénétrer posséder répéter
je prendrais tu prendrais il prendrait n. prendrions v. prendriez ils prendraient	je prenne tu prennes il prenne n. prenions v. preniez ils prennent	je prisse tu prisses il prît n. prissions v. prissiez ils prissent	prends prenons prenez	apprendre comprendre entreprendre reprendre surprendre
je recevrais tu recevrais il recevrait n. recevrions v. recevriez ils recevraient	je reçoive tu reçoives il reçoive n. recevions v. receviez ils reçoivent	je reçusse tu reçusses il reçût n. reçussions v. reçussiez ils reçussent	reçois recevons recevez	apercevoir concevoir décevoir
je rendrais tu rendrais il rendrait n. rendrions v. rendriez ils rendraient	je rende tu rendes il rende n. rendions v. rendiez ils rendent	je rendisse tu rendisses il rendit n. rendissions v. rendissiez ils rendissent	rends rendons rendez	attendre descendre entendre perdre répondre vendre
je résoudrais tu résoudrais il résoudrait n. résoudrions v. résoudriez ils résoudraient	je résolve tu résolves il résolve n. résolvions v. résolviez ils résolvent	je résolusse tu résolusses il résolût n. résolussions v. résolussiez ils résolussent	résous résolvons résolvez	
je rirais tu rirais il rirait n. ririons v. ririez ils riraient	je rie tu ries il rie n. riions v. riiez ils rient	je risse tu risses il rît n. rissions v. rissiez ils rissent	ris rions riez	sourire 注 過去分詞 ri は不変
je saurais tu saurais il saurait n. saurions v. sauriez ils sauraient	je sache tu saches il sache n. sachions v. sachiez ils sachent	je susse tu susses il sût n. sussions v. sussiez ils sussent	sache sachons sachez	

不定法 現在分詞 過去分詞	直　　説　　法			
	現　　在	半　過　去	単純過去	単純未来
㊸ **suffire** suffisant suffi	je suffis tu suffis il suffit n. suffisons v. suffisez ils suffisent	je suffisais tu suffisais il suffisait n. suffisions v. suffisiez ils suffisaient	je suffis tu suffis il suffit n. suffîmes v. suffîtes ils suffirent	je suffirai tu suffiras il suffira n. suffirons v. suffirez ils suffiront
㊹ **suivre** suivant suivi	je suis tu suis il suit n. suivons v. suivez ils suivent	je suivais tu suivais il suivait n. suivions v. suiviez ils suivaient	je suivis tu suivis il suivit n. suivîmes v. suivîtes ils suivirent	je suivrai tu suivras il suivra n. suivrons v. suivrez ils suivront
㊺ **vaincre** vainquant vaincu	je vaincs tu vaincs il vainc n. vainquons v. vainquez ils vainquent	je vainquais tu vainquais il vainquait n. vainquions v. vainquiez ils vainquaient	je vainquis tu vainquis il vainquit n. vainquîmes v. vainquîtes ils vainquirent	je vaincrai tu vaincras il vaincra n. vaincrons v. vaincrez ils vaincront
㊻ **valoir** valant valu	je vaux tu vaux il vaut n. valons v. valez ils valent	je valais tu valais il valait n. valions v. valiez ils valaient	je valus tu valus il valut n. valûmes v. valûtes ils valurent	je vaudrai tu vaudras il vaudra n. vaudrons v. vaudrez ils vaudront
㊼ **venir** venant venu	je viens tu viens il vient n. venons v. venez ils viennent	je venais tu venais il venait n. venions v. veniez ils venaient	je vins tu vins il vint n. vînmes v. vîntes ils vinrent	je viendrai tu viendras il viendra n. viendrons v. viendrez ils viendront
㊽ **vivre** vivant vécu	je vis tu vis il vit n. vivons v. vivez ils vivent	je vivais tu vivais il vivait n. vivions v. viviez ils vivaient	je vécus tu vécus il vécut n. vécûmes v. vécûtes ils vécurent	je vivrai tu vivras il vivra n. vivrons v. vivrez ils vivront
㊾ **voir** voyant vu	je vois tu vois il voit n. voyons v. voyez ils voient	je voyais tu voyais il voyait n. voyions v. voyiez ils voyaient	je vis tu vis il vit n. vîmes v. vîtes ils virent	je verrai tu verras il verra n. verrons v. verrez ils verront
㊿ **vouloir** voulant voulu	je veux tu veux il veut n. voulons v. voulez ils veulent	je voulais tu voulais il voulait n. voulions v. vouliez ils voulaient	je voulus tu voulus il voulut n. voulûmes v. voulûtes ils voulurent	je voudrai tu voudras il voudra n. voudrons v. voudrez ils voudront

条件法	接続法		命令法	同　型
現　在	現　在	半　過　去		
je suffirais tu suffirais il suffirait n. suffirions v. suffiriez ils suffiraient	je suffise tu suffises il suffise n. suffisions v. suffisiez ils suffisent	je suffisse tu suffisses il suffît n. suffissions v. suffissiez ils suffissent	suffis suffisons suffisez	囲 過去分詞 suffi は不変
je suivrais tu suivrais il suivrait n. suivrions v. suivriez ils suivraient	je suive tu suives il suive n. suivions v. suiviez ils suivent	je suivisse tu suivisses il suivît n. suivissions v. suivissiez ils suivissent	suis suivons suivez	poursuivre
je vaincrais tu vaincrais il vaincrait n. vaincrions v. vaincriez ils vaincraient	je vainque tu vainques il vainque n. vainquions v. vainquiez ils vainquent	je vainquisse tu vainquisses il vainquît n. vainquissions v. vainquissiez ils vainquissent	vaincs vainquons vainquez	convaincre
je vaudrais tu vaudrais il vaudrait n. vaudrions v. vaudriez ils vaudraient	je vaille tu vailles il vaille n. valions v. valiez ils vaillent	je valusse tu valusses il valût n. valussions v. valussiez ils valussent		
je viendrais tu viendrais il viendrait n. viendrions v. viendriez ils viendraient	je vienne tu viennes il vienne n. venions v. veniez ils viennent	je vinsse tu vinsses il vînt n. vinssions v. vinssiez ils vinssent	viens venons venez	appartenir devenir obtenir revenir (se) souvenir tenir
je vivrais tu vivrais il vivrait n. vivrions v. vivriez ils vivraient	je vive tu vives il vive n. vivions v. viviez ils vivent	je vécusse tu vécusses il vécût n. vécussions v. vécussiez ils vécussent	vis vivons vivez	survivre
je verrais tu verrais il verrait n. verrions v. verriez ils verraient	je voie tu voies il voie n. voyions v. voyiez ils voient	je visse tu visses il vît n. vissions v. vissiez ils vissent	vois voyons voyez	entrevoir revoir
je voudrais tu voudrais il voudrait n. voudrions v. voudriez ils voudraient	je veuille tu veuilles il veuille n. voulions v. vouliez ils veuillent	je voulusse tu voulusses il voulût n. voulussions v. voulussiez ils voulussent	veuille veuillons veuillez	

◆ 動詞変化に関する注意

不定法
-er
-ir
-re
-oir

現在分詞
-ant

	直説法現在		直・半過去	直・単純未来	条・現在
je	-e	-s	-ais	-rai	-rais
tu	-es	-s	-ais	-ras	-rais
il	-e	-t	-ait	-ra	-rait
nous	-ons		-ions	-rons	-rions
vous	-ez		-iez	-rez	-riez
ils	-ent		-aient	-ront	-raient

	直・単純過去			接・現在	接・半過去	命令法	
je	-ai	-is	-us	-e	-sse		
tu	-as	-is	-us	-es	-sses	-e	-s
il	-a	-it	-ut	-e	̂t		
nous	-âmes	-îmes	-ûmes	-ions	-ssions	-ons	
vous	-âtes	-îtes	-ûtes	-iez	-ssiez	-ez	
ils	-èrent	-irent	-urent	-ent	-ssent		

〔複合時制〕

直　説　法	条　件　法
複合過去（助動詞の直・現在＋過去分詞）	過　去（助動詞の条・現在＋過去分詞）
大　過　去（助動詞の直・半過去＋過去分詞）	接　続　法
前　過　去（助動詞の直・単純過去＋過去分詞）	過　去（助動詞の接・現在＋過去分詞）
前　未　来（助動詞の直・単純未来＋過去分詞）	大過去（助動詞の接・半過去＋過去分詞）

* **現在分詞**は，通常，直説法・現在1人称複数の語尾 -ons を -ant に変えて作ることができる．(nous connaissons → connaissant)
* **直説法・半過去**の1人称単数は，通常，直説法・現在1人称複数の語尾 -ons を -ais に変えて作ることができる．(nous buvons → je buvais)
* **直説法・単純未来**と**条件法・現在**は，通常，不定法から作ることができる．
  (単純未来: aimer → j'aimerai　finir → je finirai　écrire → j'écrirai)
  　ただし，-oir 型動詞の語幹は不規則．(pouvoir → je pourrai　savoir → je saurai)
* **接続法・現在**の1人称単数は，通常，直説法・現在3人称複数の語尾 -ent を -e に変えて作ることができる．(ils finissent → je finisse)
* **命令法**は，直説法・現在の2人称単数，1人称複数，2人称複数から，それぞれの主語 tu, nous, vous を取って作ることができる．(ただし，tu -es → -e　tu vas → va)
  　avoir, être, savoir, vouloir の命令法は接続法・現在から作る．

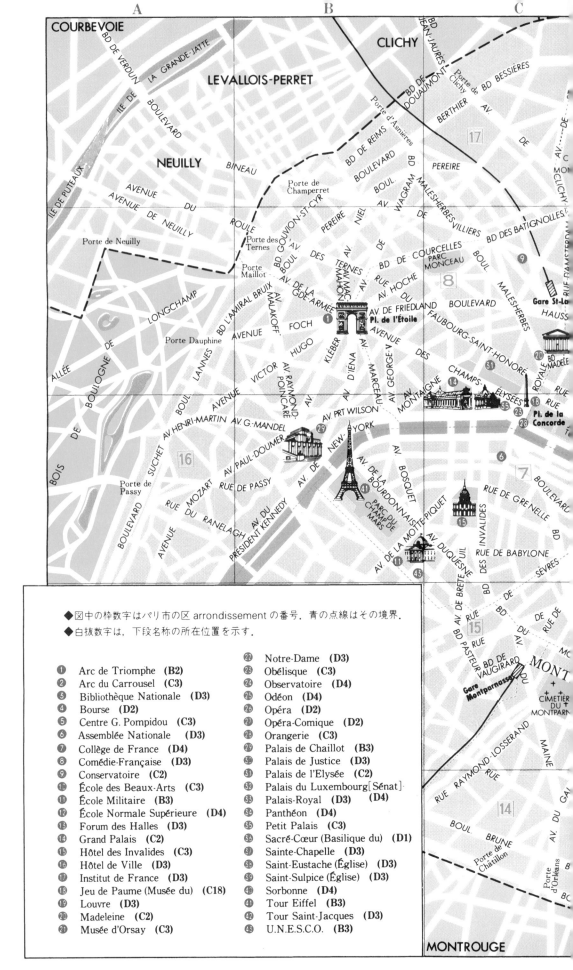

A   B   C

COURBEVOIE

LEVALLOIS-PERRET

CLICHY

NEUILLY

BINEAU

Porte de Neuilly

Porte de Champerret

Porte des Ternes

Porte Maillot

Porte Dauphine

Porte de Passy

LONGCHAMP

ALLÉE

BOIS DE BOULOGNE

17

PARC MONCEAU

8

9

Gare St-La

Pl. de l'Étoile

1

20

31

CHAMPS-ELYSÉES

14

35 23

18

Pl. de la Concorde

23

6

16

29

7

Tour Eiffel

41

15

11

43

PARC DU CHAMP DE MARS

INVALIDES

RUE DE GRENELLE

RUE DE BABYLONE

SÈVRES

15

Gare Montparnasse

MONT

CIMETIÈR DU MONTPARN

14

Porte de Châtillon

Porte d'Orléans

MONTROUGE

◆図中の枠数字はパリ市の区 arrondissement の番号．青の点線はその境界．
◆白抜数字は，下段名称の所在位置を示す．

1   Arc de Triomphe **(B2)**
2   Arc du Carrousel **(C3)**
3   Bibliothèque Nationale **(D3)**
4   Bourse **(D2)**
5   Centre G. Pompidou **(C3)**
6   Assemblée Nationale **(D3)**
7   Collège de France **(D4)**
8   Comédie-Française **(D3)**
9   Conservatoire **(C2)**
10   École des Beaux-Arts **(C3)**
11   École Militaire **(B3)**
12   École Normale Supérieure **(D4)**
13   Forum des Halles **(D3)**
14   Grand Palais **(C2)**
15   Hôtel des Invalides **(C3)**
16   Hôtel de Ville **(D3)**
17   Institut de France **(D3)**
18   Jeu de Paume (Musée du) **(C18)**
19   Louvre **(D3)**
20   Madeleine **(C2)**
21   Musée d'Orsay **(C3)**

22   Notre-Dame **(D3)**
23   Obélisque **(C3)**
24   Observatoire **(D4)**
25   Odéon **(D4)**
26   Opéra **(D2)**
27   Opéra-Comique **(D2)**
28   Orangerie **(C3)**
29   Palais de Chaillot **(B3)**
30   Palais de Justice **(D3)**
31   Palais de l'Elysée **(C2)**
32   Palais du Luxembourg[Sénat]
33   Palais-Royal **(D3)**
34   Panthéon **(D4)**
35   Petit Palais **(C3)**
36   Sacré-Cœur (Basilique du) **(D1)**
37   Sainte-Chapelle **(D3)**
38   Saint-Eustache (Église) **(D3)**
39   Saint-Sulpice (Église) **(D3)**
40   Sorbonne **(D4)**
41   Tour Eiffel **(B3)**
42   Tour Saint-Jacques **(D3)**
43   U.N.E.S.C.O. **(B3)**

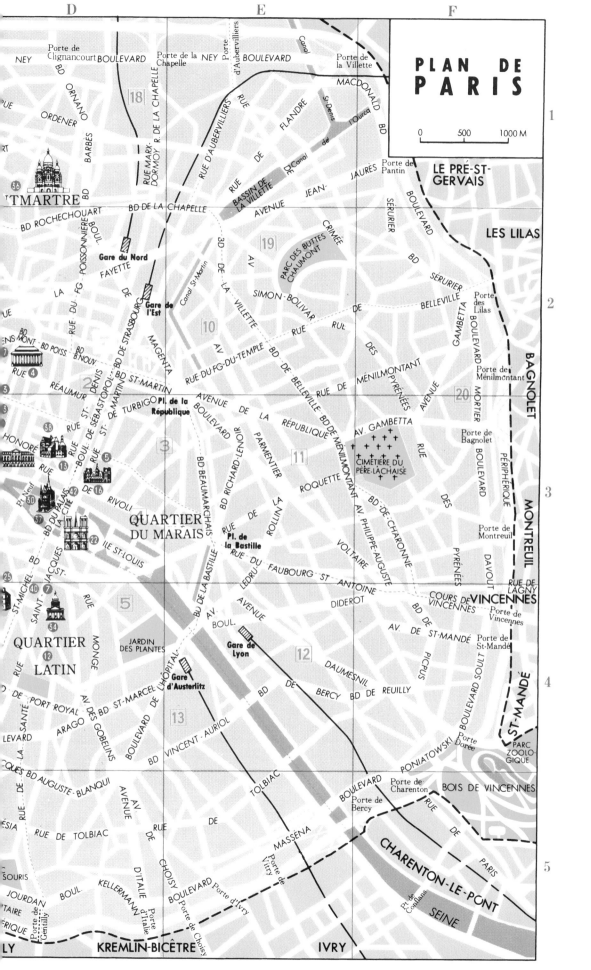

PLAN DE
PARIS

0   500   1000 M

Carte du monde de la Francophonie

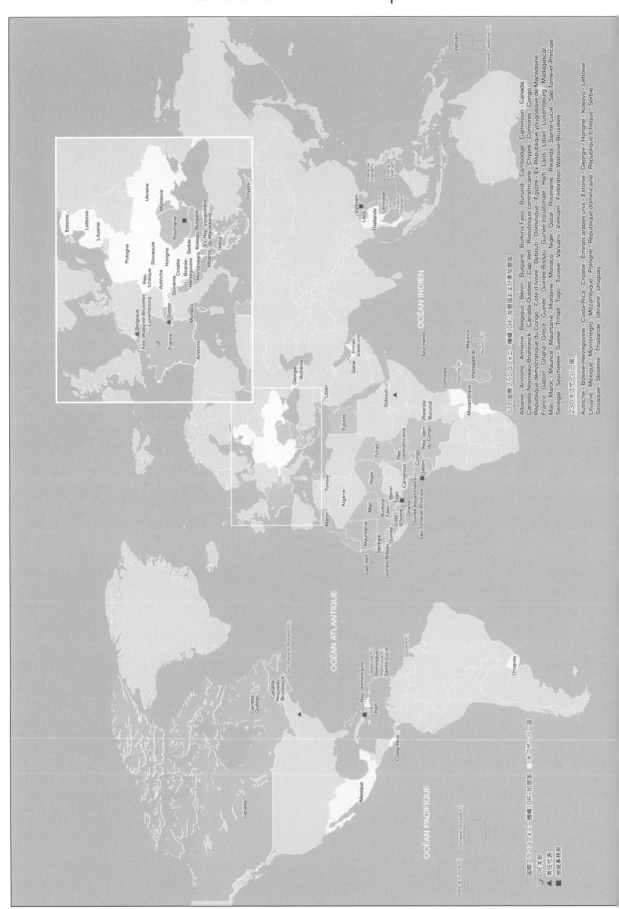

Carte de France

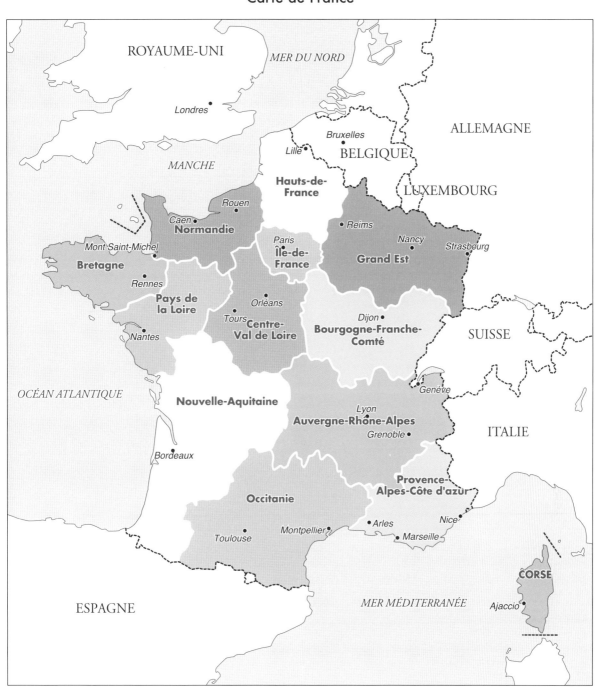

ROYAUME-UNI

MER DU NORD

ALLEMAGNE

Londres •

Bruxelles •

Lille •

BELGIQUE

MANCHE

LUXEMBOURG

Hauts-de-France

Rouen •

Reims •

Nancy •

Strasbourg •

Caen •

Normandie

Grand Est

Mont Saint-Michel •

Paris •

Île-de-France

Bretagne

Rennes •

Pays de la Loire

Orléans •

Tours •

Centre-Val de Loire

Dijon •

Bourgogne-Franche-Comté

SUISSE

Nantes •

OCÉAN ATLANTIQUE

Nouvelle-Aquitaine

Lyon •

Auvergne-Rhône-Alpes

Genève •

Grenoble •

ITALIE

Bordeaux •

Provence-Alpes-Côte d'azur

Occitanie

Arles •

Nice •

Montpellier •

Marseille •

CORSE

Toulouse •

ESPAGNE

MER MÉDITERRANÉE

Ajaccio •

フランスの地域圏（régions）は、2016年1月に22から
13に再編されました。またその後、Occitanie、Grand
Est、Nouvelle-Aquitaine、Hauts-de-France という新た
な名称も生まれました。上記の13の地域圏に加えて、さ
らに5つの海外地域圏—— Guadeloupe、Martinique、
Guyane、La Réunion、Mayotte——があります。